文化产业建设项目投资管理与实践

主　编　沈春霞　丁　杰　倪广春
副主编　房继江　徐一平　王　舜　孙　娟
主　审　宁　延　吴虹鸥　许　捷　金常忠

东南大学出版社
SOUTHEAST UNIVERSITY PRESS
·南京·

内容提要

本书从文化产业建设项目管理的角度和高度出发，运用投资管理理论、项目管理理论、持续改进理论、全面造价管理理论、风险管理理论等，构建了文化产业建设项目全生命周期投资管理的框架，并总结出文化产业类项目投资决策、设计、采购、施工、竣工结算和后评价各阶段投资管理策划思路，分析投资管理难点与挑战；同时，秉承"实践是检验真理的唯一标准"，本书理论联系实践，以著名的牛首山文化旅游项目为例，结合项目具体实施过程，提炼项目在各个阶段的投资控制方法和亮点。本书理论分析与实践总结的结合丰富了文化产业建设项目投资管理的知识体系，为其他文化产业建设项目的投资管理提供理论基础及实践经验借鉴。

图书在版编目（CIP）数据

文化产业建设项目投资管理与实践/沈春霞，于杰，倪广春主编. —南京：东南大学出版社，2022.2
ISBN 978-7-5766-0071-1

Ⅰ. ①文… Ⅱ. ①沈… ②于… ③倪… Ⅲ. ①文化产业-投资-项目管理-研究 Ⅳ. ①G114

中国版本图书馆CIP数据核字（2022）第060270号

责任编辑：曹胜玫　　责任校对：韩小亮　　封面设计：余武莉　　责任印制：周荣虎

文化产业建设项目投资管理与实践
WENHUA CHANYE JIANSHE XIANGMU TOUZI GUANLI YU SHIJIAN

主　　编：	沈春霞　于　杰　倪广春
出版发行：	东南大学出版社
社　　址：	南京四牌楼2号　邮编：210096　电话：025-83793330
网　　址：	http://www.seupress.com
电子邮件：	press@seupress.com
经　　销：	全国各地新华书店
印　　刷：	南京凯德印刷有限公司
开　　本：	787mm×1 092 mm　1/16
印　　张：	15.25
字　　数：	332千字
版　　次：	2022年2月第1版
印　　次：	2022年2月第1次印刷
书　　号：	ISBN 978-7-5766-0071-1
定　　价：	118.00元

本社图书若有印装质量问题，请直接与营销部调换。电话（传真）：025-83791830

编写委员会

主　编　沈春霞　于　杰　倪广春

副主编　房继江　徐一平　王　舜　孙　娟

主　审　宁　延　吴虹鸥　许　捷　金常忠

参　编　朱　蕾　陈　龙　葛益斌　周永红
　　　　　徐　涛　顾　浩　吴天玮　周丽娟
　　　　　田　进　周世康　李　闯　赵　力
　　　　　柳　菁　谷家伟　葛雨晴　戴胡蝶

序

　　从 1978 年改革开放至今的四十多年间,国家逐步放开文化市场,并将文化事业的发展上升为国家战略,引导文化事业向产业化方向迈进。近二十年来,我国文化事业产值逐年增加,已经成为国民经济支柱产业。2021 年 3 月 11 日,十三届全国人大四次会议表决通过的《中华人民共和国国民经济和社会发展第十四个五年规划和 2035 年远景目标纲要》明确提出要健全现代文化产业体系,实施扩大优质文化产品供给,推动文化和旅游融合发展,深化文化体制改革。从改革开放以来所取得的成就和国家"十四五规划"可以看出,我国的文化事业和文化产业一定会更加繁荣昌盛,欣欣向荣。

　　文化产业投资是拉动文化事业发展的重要手段,也是推动文化事业发展的重要载体。但是在工程建设领域和工程造价咨询行业,人们对文化事业和文化产业并不太了解。由于没有适合文化产业项目的"估算指标""概算指标",因此对文化产业项目估算、概算存在困难;由于没有适用文化建设工程的"预算定额",因此对文化产业建设工程项目的"清单预算""招标限价""投标报价""结算审核""决算审计"等咨询服务提出挑战。

　　本书从文化产业建设项目管理的角度和高度出发,运用投资管理理论、项目管理理论、持续改进理论、全面造价管理理论、风险管理理论等,构建了文化产业建设项目全生命周期投资管理的框架,并在此基础上提供了文化产业建设项目各个阶段的管控要点及方法,以南京"牛首山文化旅游项目"为例,全面介绍了项目各阶段和节点的投资项目管理经验。

　　坐落在南京牛首山风景区的"牛首山文化旅游项目"以佛教文化为主题,将现代建筑设计手法与佛教文化进行了完美的结合,可谓是"前无古人,后无来者"。"牛首山文化旅游项目"占地 530.5 亩,主要由"佛顶宫""佛顶塔"和"佛顶寺"等组成,项目投资大,题材要求严,建设标准高，投资控制难。但是，捷宏润安工程顾问有限公司在"牛首山文化旅游项目"中承担了项目可行性研究报告编制、项目投融资方案编制、项目投资全过程咨询与控制、建设工程全过程造价咨询服务，大量应用信息化手段和"智慧造价""捷宏指标库""速得材价库"等大数据技术，克服重重困难，高质量、高水平、高效率完成了任务。

捷宏润安工程顾问有限公司以项目投资控制为主线，以项目业绩资料为依据，以项目管理经验为基础，编写并将出版《文化产业建设项目投资管理与实践》。本书对于造价咨询行业提升全过程项目投资管理水平和全过程工程造价咨询能力都具有很好的推动和借鉴意义。

王如三
江苏省工程造价管理协会

前言

从 1978 年改革开放至今，我国文化产业的发展历程分为三个阶段：政策催生文化产业时期、政策培育文化产业时期和政策促进文化产业发展时期。1998 年至今是文化产业政策促进文化产业发展时期，2012 年出台的《"十二五"时期文化产业倍增计划》指出文化产业已成为国民经济和社会发展战略的重要组成部分。2021 年国家发布的第十四个五年规划明确提出健全现代文化产业体系，实施扩大优质文化产品供给、推动文化和旅游融合发展、深化文化体制改革。在相关政策的推动下和文化产业自身的发展下，文化产业的产值也在逐年增加。

文化产业建设项目是文化产业发展的载体和基础。对文化产业建设项目的投资管理有利于提高投资效率，有助于实现项目的价值甚至增值。文化产业建设项目的投资目标与一般项目的投资目标不同，不仅要达到经济目标，还可能包含文化目标、社会服务目标等多重目标；文化产业建设项目除具有一般项目的特征，还具有创新性强、不确定性强和风险高、投资管理情境复杂、产品和服务精准量化较难等特征。因此，需要在一般投资管理理论的基础上发展针对文化产业建设项目的投资管理理论、方法，总结实践经验，助力我国文化产业的高质量发展。

现阶段，文化产业建设项目，尤其是一些大型文化产业建设项目，在投资效率、成本管控等方面确实存在不可忽视的问题；此外，仍然缺乏针对文化产业建设项目的系统性的投资管理理论及实践经验总结。本着企业对行业和社会的责任，捷宏润安工程顾问有限公司在牛首山文化旅游项目投资控制管理工作过程中，认真、负责完成本职工作的同时，投入大量的人力物力，将实践中的投资管理方法和经验进行总结、提炼。本书从全过程投资管理角度，总结出文化产业类项目投资决策、设计、采购、施工、竣工结算和后评价各阶段投资管理策划思路，分析投资管理难点与挑战；

同时，秉承"实践是检验真理的唯一标准"。本书理论联系实践，以著名的牛首山文化旅游项目为例，结合项目实施过程的具体案例，提炼分享牛首山文化旅游项目在各个阶段的投资控制方法和亮点。理论分析与实践总结的结合丰富了文化产业建设项目投资管理的知识体系，为其他文化产业建设项目的投资管理提供理论基础及实践经验借鉴。

牛首山文化旅游项目是一个集文化、旅游、宗教、建筑等元素于一体的典型文化产业建设项目，其建设秉承历史与当代、佛教与大众、文化与旅游、建设与生态、发展与传承五个结合的理念，堪称文化产业建设项目中的精品之作。牛首山文化旅游项目于2012年6月开工建设，历经3年多建设，于2015年10月27日开园，总投资约55.6亿元。牛首山文化旅游项目以佛教文化为主旨，融入现代建筑设计理念，将佛教文化与现代建筑相融合，建设难度高，体量大，是南京文化战略工程和标志性工程，意义重大、影响深远。

项目的实施和书稿的编写得到了南京牛首山文化旅游集团有限公司、江苏省建设工程造价管理总站、南京市建设工程造价监督站、东南大学、南京大学、南京工业大学等单位领导、专家的大力支持和指导；本书编写过程中，参阅了大量的国内外教材、专著与文献等。在此对各方面的帮助一并表示衷心感谢！

最后，尽管参编人员对书稿内容反复斟酌，但文化产业正处在蓬勃发展的态势中，编写过程中难免存在不足、错误及不当之处，恳请同行专家及读者不吝指出，对本书提出宝贵意见，以期未来能够不断持续改进。

编者

2022年2月于南京

目录

1 文化产业建设项目投资管理概论 1

1.1 文化产业的内涵及发展趋势 1
1.1.1 文化产业的内涵 1
1.1.2 文化产业的发展趋势 2

1.2 文化产业建设项目的内涵及特征 5
1.2.1 文化产业建设项目的内涵 5
1.2.2 文化产业建设项目的特征 6

1.3 文化产业建设项目投资管理 7
1.3.1 文化产业建设项目投资管理的内涵 7
1.3.2 文化产业建设项目投资管理的原则 8
1.3.3 文化产业建设项目投资管理的理论与方法 10
1.3.4 文化产业建设项目投资管理的难点和挑战 13

1.4 文化产业建设项目投资管理实践——牛首山文化旅游项目 14
1.4.1 牛首山文化旅游项目建设背景 15
1.4.2 牛首山文化旅游项目规划建设方案 15
1.4.3 牛首山文化旅游项目投融资概况 26
1.4.4 牛首山文化旅游项目建设概况 27

2 文化产业建设项目决策阶段投资管理与实践 …… 32

2.1 决策阶段投资管理策划 …… 32
2.1.1 决策阶段投资管理目标 …… 33
2.1.2 决策阶段投资管理主要工作 …… 34

2.2 投资决策阶段要点分析及方法 …… 34
2.2.1 文化产业建设项目政策背景分析 …… 35
2.2.2 项目规划与建设方案 …… 37
2.2.3 项目投融资方案及效益评价 …… 38

2.3 投资估算的合理确定 …… 39
2.3.1 投资估算的阶段及精度 …… 39
2.3.2 项目投资构成及估算内容 …… 39
2.3.3 投资估算的依据 …… 42
2.3.4 投资估算的编制方法 …… 43
2.3.5 文化产业建设项目投资估算的特殊性 …… 45

2.4 项目融资策划 …… 45
2.4.1 传统融资渠道及成本 …… 46
2.4.2 多元融资渠道 …… 47

2.5 牛首山文化旅游项目决策阶段投资管理实践与启示 …… 48
2.5.1 牛首山文化旅游项目决策阶段投资管理策划 …… 48
2.5.2 牛首山文化旅游项目背景分析 …… 48
2.5.3 实施地政策调研及分析 …… 49
2.5.4 建设规划及规模论证分析 …… 51
2.5.5 项目收入挖掘和运营模式策略 …… 58
2.5.6 项目投资估算及投资规模确定 …… 64
2.5.7 经济和财务可行性分析 …… 68
2.5.8 融资方案策划及协调 …… 70

3 文化产业建设项目设计阶段投资管理与实践 …… 71

3.1 设计阶段投资管理策划 …… 71
3.1.1 设计阶段投资管理目标 …… 72

  3.1.2 设计阶段投资管理主要工作 ················ 73

3.2 设计阶段投资控制的难点与挑战 ················ 74
  3.2.1 艺术效果占首位 ················ 74
  3.2.2 可建筑性不高 ················ 75
  3.2.3 二次深化设计较多 ················ 75

3.3 设计阶段投资管理方法 ················ 76
  3.3.1 设计师主导 ················ 76
  3.3.2 限额设计 ················ 77
  3.3.3 设计方案比选 ················ 78
  3.3.4 样板先行 ················ 79

3.4 设计概算的合理确定 ················ 82
  3.4.1 设计投资概算的组成 ················ 82
  3.4.2 设计概算的编审依据 ················ 83
  3.4.3 设计概算的编制方法 ················ 84
  3.4.4 设计概算审查方法和要点 ················ 85
  3.4.5 文化产业类项目设计概算的特殊性 ················ 85

3.5 牛首山文化旅游项目设计阶段投资管理实践与启示 ········ 86
  3.5.1 牛首山文化旅游项目设计单位的选择 ················ 86
  3.5.2 牛首山小穹顶艺术佛手造型设计方案优化和造价确定 ········ 87
  3.5.3 牛首山文化旅游项目设计阶段实体样板引路和模拟施工 ······ 94
  3.5.4 牛首山文化旅游项目佛顶宫精装修设计概算的合理确定 ······ 102

4 文化产业建设项目采购阶段投资管理与实践 ········ 112

4.1 采购阶段投资管理策划 ················ 112
  4.1.1 采购阶段管理目标 ················ 113
  4.1.2 采购阶段投资管理主要工作 ················ 114

4.2 采购阶段投资管理的难点与挑战 ················ 114
  4.2.1 不完全竞争市场 ················ 115
  4.2.2 单一来源采购 ················ 115

4.3 采购阶段投资管理方法 ················ 116

- 4.3.1 充分的市场调研 ……………………………………………… 116
- 4.3.2 精心策划招投标 ……………………………………………… 117
- 4.3.3 设计师主导的采购 …………………………………………… 118

4.4 合同条款和合同价格的确定 ………………………………………… 118
- 4.4.1 合同价格形式的确定 ………………………………………… 118
- 4.4.2 合同风险的合理分担 ………………………………………… 119
- 4.4.3 投标报价分析 ………………………………………………… 119
- 4.4.4 文化产业类项目合同价格确定的难点 ……………………… 120

4.5 牛首山文化旅游项目采购阶段投资管理实践与启示 … 120
- 4.5.1 施工总承包单位的确定 ……………………………………… 120
- 4.5.2 牛首山文化旅游项目主要施工承包商 ……………………… 123
- 4.5.3 材料采购及供应商管理 ……………………………………… 124
- 4.5.4 牛首山文化旅游项目特殊材料采购市场调研和分析 ……… 126

5 文化产业建设项目施工阶段投资管理与实践 … 143

5.1 施工阶段投资管理策划 ……………………………………………… 143
- 5.1.1 施工阶段投资管理目标 ……………………………………… 144
- 5.1.2 施工阶段成本管理主要工作 ………………………………… 145

5.2 施工阶段投资控制的难点与挑战 …………………………………… 146
- 5.2.1 施工环境受限 ………………………………………………… 146
- 5.2.2 施工工艺特殊 ………………………………………………… 146
- 5.2.3 现有定额不适用 ……………………………………………… 146

5.3 施工阶段投资控制方法 ……………………………………………… 147
- 5.3.1 定额测定原理及补充定额法 ………………………………… 147
- 5.3.2 工作分析法 …………………………………………………… 148
- 5.3.3 数字化技术赋能 ……………………………………………… 148

5.4 建设项目投资动态管理 ············ 149
- 5.4.1 项目资金使用计划编制 ············ 149
- 5.4.2 工程调价管理 ············ 149
- 5.4.3 工程变更管理 ············ 149
- 5.4.4 工程索赔管理 ············ 151
- 5.4.5 工程签证管理 ············ 152
- 5.4.6 工程计量与进度款支付管理 ············ 152

5.5 牛首山文化旅游项目施工阶段投资管理实践与启示 ··· 153
- 5.5.1 牛首山废弃矿坑超高边坡加固治理及生态修复相关施工工艺与计价分析 ············ 153
- 5.5.2 大跨度异形曲面铝合金结构体系施工工艺和计价分析 ············ 161
- 5.5.3 古建筑艺术构件施工工艺及计价分析 ············ 171
- 5.5.4 牛首山特定施工条件计价分析及解决方案 ············ 182

6 文化产业建设项目竣工结算阶段投资管理与实践 ··· 187

6.1 竣工结算阶段投资管理策划 ············ 187

6.2 竣工结算审核 ············ 188
- 6.2.1 竣工结算的作用 ············ 189
- 6.2.2 结算审核原则 ············ 189
- 6.2.3 竣工结算的审核依据 ············ 190
- 6.2.4 竣工结算审核方法 ············ 190
- 6.2.5 竣工结算审核流程 ············ 192
- 6.2.6 竣工结算要点分析 ············ 192
- 6.2.7 过程分阶段结算 ············ 194

6.3 牛首山文化旅游项目竣工结算阶段投资管理实践与启示 ··· 196
- 6.3.1 牛首山文化旅游项目结算审核的难点和挑战 ············ 196
- 6.3.2 牛首山文化旅游项目分阶段结算实施 ············ 198

7 文化产业建设项目绩效评价 … 203

7.1 文化产业建设项目绩效评价 … 203
7.1.1 项目绩效评价的概念及意义 … 203
7.1.2 项目绩效评价的特点及要求 … 204
7.1.3 项目绩效评价的方法、内容和程序 … 205

7.2 牛首山文化旅游项目绩效评价过程、结论与启示 … 207
7.2.1 项目绩效评价过程 … 207
7.2.2 绩效评价的结论、建议与启示 … 216

8 牛首山文化旅游项目投资控制经验总结 … 219

8.1 牛首山文化旅游项目投资控制的挑战 … 219

8.2 牛首山文化旅游项目投资控制的总结 … 220
8.2.1 科学合理地确定组织模式 … 220
8.2.2 多技术手段支撑的投资控制 … 221
8.2.3 集思广益探索的造价控制思路 … 221
8.2.4 寻求多途径造价争议的解决之路 … 222
8.2.5 投资管理人员需不断自我提升 … 223

9 附录 … 224

参考文献 … 228

1 文化产业建设项目投资管理概论

1.1 文化产业的内涵及发展趋势

1.1.1 文化产业的内涵

"文化"一词,是由"文""化"两字合成的,始见于《周易·贲卦·彖传》,其文曰"观乎人文,以化成天下",内涵就是"以文教化",即通过人伦道德使人们文明开化。由于地域、文化、时代的不同,世界各地对于文化的定义各有不同。例如英语中的"culture"引自拉丁语,原意是指对土地的耕耘和对植物的栽培,后又引申为对人的身体和精神两方面的培养。中国现代对于"文化"一词的内涵界定有广义和狭义之分。以《现代汉语词典》(第7版)为例,"文化"是指人类在社会历史发展过程中所创造的物质财富和精神财富的总和,特指精神财富,如文学、艺术、教育、科学等。因此,在广义上,文化是人类在社会历史发展过程中所创造的物质财富和精神财富的总和,包括物质文化、精神文化、制度文化、行为文化等;在狭义上,文化特指人类所创造和积累的精神财富,包括价值观、知识、信仰、语言、艺术、制度、社会群体和组织、道德、规范、习俗等精神领域的东西,通常认为价值观是文化的核心所在。

"文化产业"产生于20世纪初,是工业文明的产物。法兰克福学派的西奥多·阿多诺(Theodor W. Adorno)和马克斯·霍克海默(Max Horkheimer)在1947年出版的《启蒙辩证法》一书中首次提出了"文化产业"(Culture Industry)概念。"文化产业"由"文化"和"产业"组成。在经济学中,产业是介于宏观经济(国民经济)和微观经济(企业经济)之间的中观经济,是与社会生产力发展水平相适应的社会分工形式的表现，是一个具有诸如部门、行业、业种等多层次的经济系统。文化产业作为一种特殊的文化形态和特殊的经济形态，影响了人民对文化产业的本质把握。根据联合国教科文组织的定义，文化产业就是按照工业标准，生产、再生产、储存以及分配文化产品和服务的一系列活动。文化产业是以创意为核心，以科技为载体，按照工业化生产标准，满足人类精神需要的产业。

在我国，根据国家统计局制定的《文化及相关产业分类（2018）》，文化及相关产业是指"为社会公众提供文化产品和文化相关产品的生产活动的集合"。文化产业的范围包括两大部分：一是以文化为核心内容，为直接满足人们的精神需要而进行的创作、制造、传播、展示等文化产品（包括货物和服务）的生产活动，具体包括新闻信息服务、内容创作生产、创意设计服务、文化传播渠道、文化投资运营和文化娱乐休闲服务等活动；二是为实现文化产品的生产活动所需的文化辅助生产和中介服务、文化装备生产和文化消费终端生产（包括制造和销售）等活动。借鉴联合国教科文组织的《文化统计框架（2009）》，国家统计局将文化及其产业划分为大、中、小三类共计146个小类。

1.1.2 文化产业的发展趋势

在我国，文化产业相关政策对文化产业的影响很大。对我国文化产业相关政策文件进行系统回顾，可以将我国文化产业的发展历程分为三个阶段：文化产业政策催生文化产业时期、文化产业政策培育文化产业时期和文化产业政策促进文化产业发展时期。

1978~1987年是文化产业政策催生文化产业时期。1978年我国开始实行改革开放，政府开始出台一些政策鼓励文化活动。1980年，中共中央开始实施贯彻第四次全国文代会精神，再次确立了文艺工作"百花齐放、百家齐鸣"的方针。1984年，开展"以文补文"活动，国家鼓励文化事业单位利用知识举办讲座、设计广告，对报社和出版社开展有偿服务和经营活动，以此来补贴文化经费。这个时期的政策激发了文化创作的热情，丰富了文化活动的类型，为文化活动发展做了铺垫。

1988~1998年是文化产业政策培育文化产业时期。1988年，文化市场这一概念首次出现在《关于加强文化市场管理的若干意见》中，娱乐性文化开始萌芽。1991年，"文化经济"出现在《文化部关于文化事业若干经济政策意见的报告》中。1992年，党的"十四大"报告中明确提出要"完善文化经济政策"。同年,"文化产业"这个概念第一次出现在国务院办公厅编著的《重大战略决策——加快发展第三产业》中。1997年,中共十五大报告指出,"深化文化体制改革,落实和完善文化经济政策"是践行中国特色社会主义的文化建设之道的重中之重。国务院同时推出诸多关于文化产业发展的金融、财政和税收政策。1998年,国家文化部设置了文化产业司,在政府职能中将"促进文化产业发展"纳入其中。这一时期,随着社会主义市场经济的建立,政府逐渐放开对文化活动的监管,并开始引导文化事业向文化产业迈进。

1999年至今是文化产业政策促进文化产业发展时期。我国文化产业开始形成,并逐步提升到国家战略性地位。2000年10月,在《中共中央关于制定国民经济和社会发展第十个五年计划的建议》中,"文化产业"概念在文化产业政策中正式运用,并首次提出"完善文化产业政策",将文化产业列入国民经济和社会发展计划之中。2002年,党的十六大正式将文化活动分为文化产业和文化事业两个方向,这一举措被称为文化产业的"二分法"。2006年出台的《国家"十一五"时期文化发展规划纲要》是我国首个关于文化发展的中期规划。2009年,我国第一部文化产业长期规划——《文化产业振兴规划》出台,标志着文化发展已上升为国家战略层面。2010年,党的十七届五中全会把文化产业列入国家战略性支柱产业之中。2012年出台的《"十二五"时期文化产业倍增计划》指出文化产业已成为国民经济和社会发展战略的重要组成部分。

近些年,在国家政策的扶持下,我国文化产业作为新产业、新业态、新商业模式的发展重点,呈现全新的发展格局,稳步向国民经济支柱性产业迈进。同时,为了保持文化产业的可持续发展,近些年文化产业还朝着融合性发展的方向发展。2019年,文化产业的融合性发展在广度和深度上都有较大的体现。在广度上,文化产业与旅游、工业、农业、体育、教育、城市治理等诸多领域普遍融合,产业链逐渐延展,产业集群日益密切。在深度上,以文化产业与旅游产业、科技产业的融合为主要代表。2019年,李克强总理在政府工作报告中明确提出"推动文化事业和文化产业改革""发展壮大旅游产业"等要求。2019年,科技部、中宣部、财政部等六部门共同印发《关于促进文化和科技深度融合的指导意见》,也激发了各类主体的创新活力,促进了文化和科技的深度融合。

2021年国家发布的《中华人民共和国国民经济和社会发展第十四

个五年规划和2035年远景目标纲要》（以下简称《纲要》）在第十篇分别从提高社会文明程度、提升公共文化服务水平、健全现代文化产业体系三个章节规划了未来文化发展的方向。对于文化产业体系，坚持把社会效益放在首位、社会效益和经济效益相统一的原则，扩大优质文化产品供给，推动文化和旅游融合发展，深化文化体制改革。此外，2021年，中国文化和旅游部出台了《国家开发银行关于进一步加大开发性金融支持文化产业和旅游产业高质量发展的意见》《"十四五"文化和旅游发展规划》，进一步落实《纲要》，也强调了文化产业和旅游产业融合发展将是"十四五"时期的重点任务。

在相关政策的推动下和文化产业自身的发展下，文化产业的产值逐年增加。2010年以前，我国文化产业增加值年均增量在千亿元上下，2010年以后年份的年均增量超过了2 000亿元。从国家宏观层分析，2020年虽受新冠疫情的影响，但随着疫情防控的统筹推进，我国文化及相关产业发展较好，2020年甚至达到98 514亿元的峰值，同口径比上年增长2.2%。到2021年，随着我国国民经济持续稳定的恢复，文化消费需求将进一步释放，文化产业规模将继续扩大，文化市场的复苏态势将不断得到巩固。如图1-1所示。

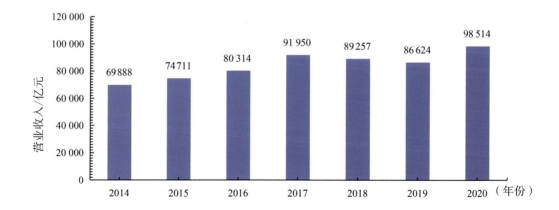

图1-1　2014～2020年全国规模以上文化及相关产业企业营收情况
　　（数据来源：国家统计局网站）

1.2　文化产业建设项目的内涵及特征

1.2.1　文化产业建设项目的内涵

文化产业需要依托一定的载体才能实现发展。其载体表现为多种多样的文化产业产品或服务，是文化产业的最终产成物。文化产业建设项目就是为了满足人们精神需求的某种文化产品或市场所希望得到的某种文化服务，在一定时间内按照总体规划或设计进行建设的、由一个或若干个互有内在联系的单项工程组成的工程总和。由于文化产业自身的特殊性及其与政策的关联性，文化产业建设项目需要依托国家的助力，立足于区域的发展，在国家和地方政府的共同推动下完成。此外，文化产业建设项目的发展受内因和外因双方面的影响。内因主要由文化产品或服务的供给系统和需求系统两部分组成；外因由许多因素构成，但是产生最重要影响的是文化环境和市场环境。内因和外因不仅会不同程度影响项目的价值，而且还可能对项目特征、利益相关者或项目团队产生有利、不利或者中性的影响。文化产业建设项目的顺利实施并达到预期的目的和效果需要内因和外因双方密切配合、彼此支撑。

根据美国项目管理学会的定义，项目是为创造一种独特的产品、服务或者结果而进行的临时性的工作。因此，文化产业建设项目就是将文化资源转变成文化产品的临时性的、过程性的工作。文化产业建设项目通过项目策划、建议书、建设规划、项目建设、项目运营等一系列工作实现文化产品或服务的供给。其中基于文化沉淀和创意的创造性过程总体上决定了文化产业建设项目的价值；基于文化产业建设项目特性的、良好的项目管理可以实现文化产业建设项目的价值甚至是增值。文化产业建设项目的开发和运营机制如图1-2所示。

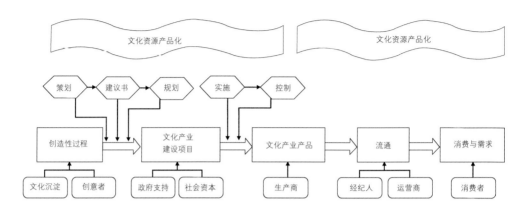

图1-2 文化产业建设项目开发和运营流程

1.2.2 文化产业建设项目的特征

文化产业建设项目具有一般建设项目的特征，即目标性、临时性、一次性、系统性、独特性、制约性等特点。此外，由于文化产业建设项目产品的特殊性，文化产业建设项目还具有以下特征：

（1）文化产业建设项目创新性强。文化产业建设项目一般要经历从创意到产品的过程，文化产业建设项目是以创意内容为核心，需要有相当程度的创新性，才能在市场中立足。在建设项目上，通常表现为设计理念新颖、外观造型独特、文化内涵深厚。在投资管理上，通常很难找到类似项目进行横向比较和分析，投资决策的难度很大。在项目管理上，要为实现项目的创新性、独特性付出更多的努力。

（2）文化产业建设项目面临高不确定性和高风险。文化产业建设项目的投资收益周期漫长、产业不稳定性高，项目投资和建设更容易受政策、经济周期、社会文化、项目内外部环境等诸多不确定因素的影响，并且文化创意企业一般可抵押资产少，存在收益不稳定以及信息不对称等问题。因此，金融市场对文化产业建设项目仍持审慎的态度，这可能导致文化产业建设项目出现融资困难。此外，文化产业建设项目的产品或者服务面向社会公众，容易受到公共事件的影响，面临高风险。例如2019年底开始的新冠肺炎严重冲击了全国甚至全世界的文化产业项目，导致文化产业项目的收入受到严重影响，尤其是文化旅游项目。

（3）文化产业建设项目的投资管理复杂且具有独特性。在文化产业与多行业融合发展的趋势下，文化产业建设项目的实施受到多方面因素的影响，例如文化旅游类项目可能受到文化、宗教、社会、经济等各方面因素的影响。首先，体现项目独特性的项目策划显得尤为重要。例如：电视剧《白鹿原》火了之后，陕西民宿文化村袁家村顺带火起来了。但是之后陕西省白鹿原民俗文化村曾投资 3.5 亿元、占地 1 200 亩复制出来的 40 个民俗文化村由于缺乏独特的义化和产品从红极一时到 2020 年被宣布拆除。其次，一些大型的文化产业建设项目需要协调政府方、建设方、施工方、社会公众，这提升了投资管理的复杂程度。管理不好很容易导致成本超标。最后，文化产品与传统的固定资产不同，好的文化产品存在负向折旧，即文化产品的价值随着时间的推移逐渐增加，资产价值逐年提高。通常对固定资产采取折旧处理，对无形资产采取摊销处理；而好的文化产品，尤其是艺术品、版权等，其价值逐年增长，使得文化产业建设项目的投资控制独具特性。

（4）文化相关产品和服务精准量化难。首先，文化产业建设项目的发展过程中需要投入大量的无形要素，如创意、人力资本、版权等。这些无形要素的成本量化难度比较大，并且由于很多文化投入具有独特性，存在很多单独定价的问题，项目管理及造价管理的工作量增加、难度增加。另外，文化产业建设项目的产出品通常是一种消费体验，而且社会公众对文化产品的体验受到很多不确定因素的影响。这导致在对文化产业建设项目未来收入的精准量化方面存在很大的困难。正是由于以上原因，在项目决策阶段经常存在因文化产业项目价值、未来成本收益等无法准确估算等问题造成决策困难、融资困难。

1.3　文化产业建设项目投资管理

1.3.1　文化产业建设项目投资管理的内涵

投资管理是从投资者利益出发并达到投资目标的一系列的管理活动，狭义上是一项针对证券及资产的金融服务，广义上还包括实体商业投资、创新项目投资管理等。因此，文化产业建设项目投资管理是从投资者的利益出发，设定投资目标，对文化产业建设项目的投资进行合理确定和有效控制，实现项目的价值或者增值。文化产业建设项目的投资目标与一般项目的投资目标有所不同，不仅要达到经济目的，还可能包含文化目标、社会服务目标等多方面目标。例如位于扬州三湾风景区的中国大运河博物馆集运河文物收藏、展示、研究、教育于一体，兼顾旅游休闲与对外交流。由于涉及面广，文化产业建设项目投资控制的难度较高且较为特殊，在投资控制过程中要用系统的思维站在项目全生命周期的角度，对整个项目的投资管理进行优化并有效管理。

文化产业建设项目的投资管理包括从项目策划、项目规划设计与建造实施、项目运营的全过程的投资管理。为了合理确定和有效控制文化产业建设项目的投资，需要按照建设阶段动态跟踪调整造价，进行多次计价，进行全过程投资管理。在建设项目投资管理中，建设项目造价管理，即建设项目造价的合理确定和有效控制，对项目的成功起到关键性的作用。在我国，造价管理体系由两部分内容组成，分别是工程造价管理和工程计价。工程造价管理包括工程造价管理的法律法规体系和工程造价管理标准体系，属于宏观管理范畴；工程计价包括工程计价定额体系和工程计价信息体系，主要服务于微观工程计价业务。文化产业建设项目的造价管理区别于传统项目的造价管理，具有其特殊性。首先，随着社会、行业的发展和进步，原有的定额计价体系正在向数字化造价方向转变。我国 2020 年发布的《工程造价改革工作方案》明确市场在资源配置中的作用及提高造价管理信息化服务水平。文化产业建设项目的造价管理应该寻求更多依赖市场和信息化的手段，而非完全依赖定额体系。另外，由于文化产品的特殊性以及其建设过程中的创造性活动，很多定价问题定额无法解决，需要造价管理人员付出更多的努力。在文化产业建设项目的实际运用过程中，工程造价管理和工程计价共同作用于文化产业建设项目各个阶段的造价管理工作，保障全过程投资管理的有效性和可行性。全过程造价管理体系及各阶段工作内容如图 1-3 所示。

1.3.2　文化产业建设项目投资管理的原则

文化产业建设项目全过程投资控制要遵循以下主要原则：

（1）系统性原则。文化产业建设项目的投资控制是一项复杂的系统工程，涉及文化产业建设项目的全生命周期、各个利益相关方以及文化产业建设项目所处的外部环境，必须从整体上对文化产业建设项目投

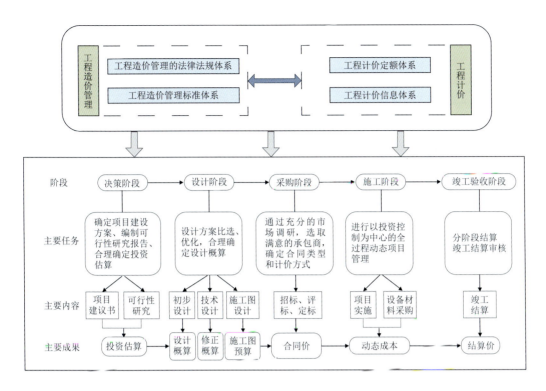

图 1-3 全过程造价管理体系及各阶段工作内容

资进行全面的控制。不能只注重各个阶段具体项目的费用控制，要从整体系统的角度对投资进行总体筹划和优化，对影响投资的相关因素进行总体控制。

（2）全生命周期原则。建设项目的全生命周期包括项目建成之前的决策、设计和建造阶段，也包括建成之后的运行维护和拆除阶段。对文化产业建设项目的全过程投资管理要从项目全生命周期的角度出发，用系统化的视角，将建设项目全生命周期的各个阶段看作一个有机的整体，不仅要进行设计及建造阶段的费用控制，还要考虑项目运行及拆除期间的合理费用水平；要从全生命周期的角度对项目所产生的费用进行全方位、立体化的经济分析，使得项目在满足使用、保证工程质量的前提下总费用降到最低。

（3）主动控制原则。文化产业建设项目的投资额大，风险高，全过程投资管理应遵循主动控制原则，提前分析造价发生偏离的可能性，并采取积极、主动的控制措施，将造价发生偏差的可能性降到最小。

（4）动态控制原则。文化产业建设项目各个阶段的投资是相互衔接的，任何跨越不同阶段的项目工作都会将前一阶段中的问题导入后续阶段，前一个阶段的各种问题和失误就会直接转入下一个阶段，从而造成项目投资失控。动态控制原则要求在项目的实施过程中，要随时根据情况的变化对投资控制的分项目标进行修正与调整，对形成工程投资的各项活动进行优化和风险控制，从而及时发现实时成本与目标成本的差异，对差异部分进行分析，并对其中造成差异的原因进行纠正，最终在预期限额内实现建设目标。

（5）重点控制原则。根据学者的研究，建设项目造价影响最大的阶段是决策和设计阶段，这在文化产业建设项目中表现得尤为明显。因此，文化产业建设项目全过程投资控制应当遵循重点控制原则，投资控制的重点应当放在决策和设计阶段，对项目方案和初步设计重点把关，以提高投资控制的有效性。

（6）精益管理原则。建设项目管理水平的高低直接影响项目的造价水平，因此，文化产业建设项目全过程投资管理应遵循精益管理原则，对文化产业建设项目建立一套优质、高效的管理体系，保障项目建设过程中目标协同、主体协同、工作过程协同和信息协同，实现建设项目浪费最小化，在精益管理的基础上有效控制文化产业建设项目的投资水平。

1.3.3 文化产业建设项目投资管理的理论与方法

科学合理的项目投资管理可以实现资源优化分配，并且可以提高项目的经济效益、社会效益。而工程项目投资管理是一个涉及面广、参与者众多、全过程、动态化的复杂过程。因此，要提高投资的效益，需要参与各方共同努力，在组织、技术、经济、合同、信息管理等诸多方面采用多种理论和方法，达到项目投资管理的目标。

（1）投资管理理论

投资管理的基本方法包括基础分析方法、技术分析方法、组合管理方法、风险管理方法等方法。例如基础分析方法以价值决定价格理论为依据，以逻辑推理方法分析影响价值的相关事件。此外，在文化产业建设项目中做好项目经济评价对于合理控制投资十分重要。建设项目经济评价是选择推荐最佳方案作为决策项目的重要依据，是项目可行性研究和评估的核心内容，目的在于最大限度地提高投资效益。从具体方面看，由于经济评价分析和参数设立了一套比较科学严谨的分析计算指标和判别依据，这使得项目和方案经过需要→可能→可行→最佳等阶段，从而把项目和方案的决策建立在优化和最佳的基础上，以便把有限的资源真正用于经济效益好的建设项目上。

文化产业建设项目要区分民间社会资本投资和政府投资。民间社会资本投资的文化产业项目一般目标比较单一，主要以经济评价为主。而政府投资的文化产业建设项目的评价是一个多因素评价系统，在决策中涉及经济效益、文化效益、社会效益、环境效益等诸多经济和非经济因素。其中，文化效益难以具体衡量，项目的投资收益也要依据社会对项目文化特性的接受程度而确定。

（2）项目管理理论

文化产业建设项目投资管理应遵循项目管理的逻辑，应用项目管理相关理论和方法。项目管理能够为项目投资管理提供全面的理论指导。首先，即使是投资管理中非常重要的造价管理也从来不是独立的。质量管理、进度管理、造价管理、安全管理等都是服务于项目管理的目标；质量、进度、造价等管理目标之间又是相互制约、相互协调的。此外，由于文化产业建设项目的特殊性，项目投资除了要达到一般项目的投资目标外，例如盈利性目标，项目目标还可能有文化传播与传承、公共文化服务供给等目标，需要运用项目管理的理论和方法进行多目标的协同管理等。

2021年美国项目管理学会出版了第7版《项目管理标准和项目管理知识体系指南》（*The Standard for Project Management and A Guide to the Project Management Body of Knowledge*）。此版本从全球视角出发考虑项目管理变化，以及从项目产出中实现效益和价值的途径。此版本的项目管理标准有一个重大的变化，即项目管理的系统视角。此外，作为项目管理标准的一部分，关注价值交付的系统（A System Focusing on Value Delivery）将视角从管理投资组合、计划和项目转变为关注将这些和其他与推进组织战略、价值、业务目标等业务能力联系起来的价值链。

（3）全面造价管理理论

全面造价管理理论包括全生命周期造价管理、全过程造价管理、全要素造价管理等理论。文化产业建设项目，例如文化旅游项目，涉及未来很多年的运营和维护，因此需要考虑全生命周期造价管理，实现全生命周期成本最小化。全生命周期造价管理是指建设工程从初始建造到建成后的日常使用成本之和称为全生命周期造价，包括了策划、实施、运行、维护和拆除、回收等各个阶段的费用。因不同阶段有诸多不确定性，主要作为一种让造价最小化的指导思想。

全过程造价管理是指覆盖建设工程策划决策和建设实施各阶段的造价管理，包括了决策时的项目策划、投资估算、项目经济评价、项目融资方案分析等；设计阶段的限额设计、方案比选、概预算编制；招投标时期的标段划分、发承包模式和合同形式的选择、标底的编制；施工阶段的工程量计算与计价、工程变更控制、索赔管理；竣工验收阶段的结算与决算等工作。提倡重视工程项目前期工作，把项目投资管理的重点转移到项目可行性研究、项目初步设计及概预算编制、招投标管理等方面，加强项目投资的事前控制。鼓励设计、造价、施工等相关人员参与项目的前期策划、咨询等工作。从这个层面来说，国家提倡EPC（设计、采购、施工）、工程总承包、全过程工程咨询等发承包模式等。

全要素造价管理是指控制工程造价应多要素并进，同时从工期成本、质量成本、安全与环境成本等多个方面进行控制，实现各方面的集成管理。其核心是按照优先性原则，协调和平衡工期、质量、安全、环保与成本之间的对立统一关系。文化产业建设项目除了具有一般项目的目标外，还需要考虑文化、社会等方面的目标。这些目标同样会与其他目标产生影响，需要多目标协同，全要素造价管理。

（4）持续改进模型

项目投资管理中会遇到很多问题，需要理论和方法进行持续的改进。持续改进（Continuous Improvement，CI）是一种哲学，戴明（Deming）简单地将其描述为"增加成功和减少失败的改进计划"。有很多方法可以用于识别改进机会并进行改进，例如大家熟知的六西格玛（Six Sigma）、精益生产（Lean Manufacturing）、丰田生产系统（Toyota Production System）等。尽管这些方法不同，但是它们的核心都是持续改进模型。持续改进是通过"渐进式"改进或者"突破性"改进对产品、服务或者流程进行持续改进。

在诸多的持续改进模型中，最著名的是PDCA循环，又叫戴明环，最初被应用在质量管理领域和流程改进领域，现在已经发展为管理学中的一个通用模型。PDCA循环是将管理分为四个阶段：计划（Plan）—实施（Do）—检查（Check）—行动（Act）。在管理活动中，首先确定改进的机会并制订变革计划，然后在小范围内实施变更。对变革过程进行监测，并使用监测数据分析变更的结果，并确定是否产生了影响。如果变革成功，将成功经验纳入标准，并在更大范围内实施，并持续评估结果；如果变革不起作用，重新开始循环。PDCA循环周而复始地进行。一个循环完了，解决了一部分的问题，可能还有其他问题尚未解决，或者又出现了新的问题，再进行下一次循环。

文化产业建设项目具有创新性强的特点，在投资过程中可能会碰到特殊性的问题，这就需要对一般项目投资管理的模式或流程进行持续性改进。因此，文化产业建设项目的投资管理可以应用 PDCA 循环的管理模式。项目实施过程中，建设单位可以评估项目当前的投资现状，确定项目的投资规划；根据规划进行投资的实施行为，并对执行的效果进行绩效评价，找出投资管理不到位的问题；对项目管理定期回顾，吸取成功经验，改进存在的问题；对尚未解决的问题或新出现的问题再次进入 PDCA 循环。由此实现文化产业建设项目的投资管理的持续改进。

1.3.4 文化产业建设项目投资管理的难点和挑战

文化产业建设项目相较于传统项目具有体量大、建设难度大、参建单位多等特点；现代建筑特点与传统文化相结合，文化主题鲜明，为了营造整体艺术氛围，大量采用异形构件，施工工艺复杂，且采购市场竞争不足，另外，大量应用新材料、新工艺、新技术，这些都导致项目投资管理难度大。

（1）文创先行，艺术效果占首位

文化产业建设的目的是通过建筑、景观及室内空间讲述传统文化，打造一个集宗教文化、地域文化、民俗文化以及建筑文化于一体的综合性建筑，无论是建筑中的木雕、石雕，还是展示的彩绘作品，都有工艺美术大师和非物质文化遗产传承人参与其中。设计师通过文化创作强调文化和价值，运用形式多样的非常规、异形、曲面构件，项目初期往往设计文件深度不够，为了达到艺术效果，在建设过程中需经历大量的二次深化设计，这些都给投资估算、初步设计概预算的编制和造价控制带来很大难度，需要投资控制咨询团队具有类似项目经验并熟悉文化产业类项目全过程管理流程。

（2）施工环境特殊

作为文化产业建设项目，建设地址的选择至关重要，项目选址地必须具备不可复制的独一无二的文化资源、自然景观和山水，这种具有特定历史文化的地域不同于常规项目，地质条件和施工环境比较特殊。在项目建设过程中往往涉及文化遗址范围的保护和当地文化传承，同时还要注意项目建设要与遗址及其周边环境相协调，建筑的规模、体量和高度必须要保证符合当地文化主题，形成具有文化底蕴的特色风貌。这些都导致文化产业建设项目的可建筑性低,全过程投资管理难度大。

（3）大量采用新材料、新工艺、新技术,核价难度大

文化产业建设项目在建设过程中,为了达到设计的预期效果经常大量采用新技术、新材料、新工艺等。这些新型施工方法缺乏历史数据信息的积累,现有的计价依据及标准无法适用,咨询服务过程中"三新"价格的确定难度大,需要通过类似项目经验并对新技术、新工艺的工法进行预判来确定造价,更多需采用现场测定的方法测定工料来确定造价,过程耗时长,核价难度大。

（4）采购市场不完全竞争

文化产业项目的产出影响具有长期性的社会和经济效益,在艺术品的采购和石材、木材等原材料的选择上注重品质和增值,因此使用的大部分材料为高品质材料,这类材料和艺术品往往供应市场单一,议价空间较小,市场供应能力无法紧跟项目步伐,为了避免厂家垄断和保证工期,需要在采购前对市场进行充分的调研,制订采购方案,针对不同的供应商和采购情形制订对应的谈判策略,找出最低价格和最具竞争力的供应商。

1.4　文化产业建设项目投资管理实践
　　——牛首山文化旅游项目

为了有效阐述文化产业建设项目投资管理的理论和方法,本书选取牛首山文化旅游项目作为实践案例。牛首山文化旅游区位于江苏省南京市江宁区,具有先天性的区位优势。江苏省作为文化产业建设的重要地区,始终把文化建设摆在全局工作的战略位置,着力推动文化产业创新发展、融合发展、开放发展、特色发展。截至2018年,江苏省建有各级各类文化产业园区（基地）200多家,成功创建如南京秦淮特色文化产业园、无锡国家数字电影产业园等16个国家文化产业示范基地等；江苏省文化旅游业也不断发展,各地区的文化旅游项目建设日益繁荣,如南京市牛首山文化旅游项目、扬州中国大运河博物馆。目前江苏省文化产业保持快速发展势头,已逐步成为江苏国民经济支柱性产业。

2012年1月,牛首山文化旅游区被江苏省南京市委、市政府确定为"十二五"保护传承文化遗产的重大项目。南京牛首山文化旅游区由

南京牛首山文化旅游发展有限公司（现改名为牛首山文化旅游集团有限公司）负责规划、开发、建设，由南京钧和文化产业有限公司负责对外运营。牛首山文化旅游区是一个集文化、旅游、宗教、建筑等元素于一体的典型的文化产业建设项目，旨在打造一个融佛禅文化、金陵文化、牛首景观为一体的全国知名景观园林胜地；建成后将成为世界佛教圣地，成为六朝古都南京的又一个靓丽景观。项目 2012 年 9 月 16 日正式开工建设；2015 年 10 月 27 日释迦牟尼佛顶骨舍利供奉大典圆满举行和牛首山遗址公园落成开园，标志着具有南京特色的文化遗产保护和文化创新发展得到了实现。

1.4.1　牛首山文化旅游项目建设背景

近年来随着人们物质生活水平的提高，我国的文化旅游业发展迅速，以宗教文化为主题的朝圣和旅游场所受到越来越多人的欢迎，宗教建筑与现代旅游文化之间的关系也越来越密切。江苏省南京市牛首山正是一座名副其实的佛教名山。牛首山文化旅游区的转型升级是因为释迦牟尼佛顶骨舍利的长期供奉。南朝梁代，司空徐度在牛首山修建了第一座寺庙——佛窟寺。唐代，被誉为"东夏达摩"的法融禅师在牛首山创立了牛头禅宗，使牛首山成为中国禅宗的重要起源之一。公元 1011 年，金陵长干寺的住持可政法师将释迦牟尼佛顶骨舍利埋藏在长干寺的地宫内。释迦牟尼佛涅槃之后，遗体火化后留下各种不同类型的遗骨，被称为舍利。佛顶骨舍利更是无上圣物，是智慧的象征，代表的是慈悲与和平的大愿。

2008 年，考古人员在南京大报恩寺的遗址发现一处地宫，取出了长干寺真身塔的铁函（图 1-4）。同年 11 月，从铁函内取出七宝阿育王塔。为了更好地发掘和保护，铁函从大报恩寺遗址运送到南京博物馆的地库。2010 年 6 月 12 日，释迦牟尼佛顶骨舍利盛世重光。通过南京市各界人士和专家的反复论证（图 1-5），确定将世界佛教界的至圣之宝——佛顶骨舍利供奉于南京牛首山，并在南京牛首山建设文化旅游区。

1.4.2　牛首山文化旅游项目规划建设方案

2012 年 1 月，南京市委将牛首山遗址公园列为南京市"十二五"保护传承文化遗产的重大项目。作为建设南京六朝古都佛教圣地的重要

图 1-4 牛首山地宫发掘现场

图 1-5 佛顶骨舍利供奉地点讨论会

组成部分，该项目规划在"生态修复、文化修补、再现奇观、再造奇迹"的指导思想下，通过补天阙、藏地宫等一系列工程，将牛首山文化旅游区打造成为5A级景区，成为南京市民的生态胜境，金陵佛国的文化胜境，华东旅游的休闲胜境。

牛首山文化旅游区所在的牛首山是一座闻名遐迩、历史悠久的名山，位于南京南郊，距中华门约15千米，逶迤于长江和外秦淮河之间的丘陵地带，海拔242.9米。牛首山文化旅游区地理位置如图1-6所示。

图 1-6 牛首山文化旅游区地理位置

2011 年江宁区政府完成"大阙藏地宫,双塔出五禅"的策划创意方案。2012 年 9 月 16 日,牛首山文化旅游项目正式开工建设。最初的规划面积是约 15.1 平方千米,一期核心区面积约 9.5 平方千米;后来在景区的西部和南部进行了两次拓展。景区一期工程已基本竣工并具备对外开放条件,景区二期工程仍在建设过程中。目前已形成了"生态胜境、文化胜境、休闲胜境"的初步格局,展现了牛首山独有的文化旅游特色。本书重点对项目一期工程进行介绍。

文化旅游区一期工程位于牛首山大遗址公园核心区域,处于牛首山顶西峰与东峰之间。项目占地面积约 353 700 平方米(约 530.6 亩),其中:酒店占地约 202 亩,其他约 328.6 亩。项目一期由佛顶宫、佛顶塔、佛顶寺、禅意别院、配套酒店以及入口功能区组成,总建筑面积约 30.6 万平方米。而由牛首广场、佛顶尊胜道、菩提次第道、佛顶宫、佛顶塔以及佛顶广场组成的佛顶圣境是牛首山一期工程的核心。牛首山文化旅游项目整体布局如图 1-7 所示。

秉承历史与当代、佛教与大众、文化与旅游、建设与生态、发展与传承五个结合的理念,围绕恢复牛首胜境与建设世界佛教禅宗文化旅游圣地的目标,项目力求展现三个胜境:江南第一禅趣公园——生态胜境、中国第一禅修名山——文化胜境、世界第一禅游乐土——休闲胜境,方案核心是"天阙藏地宫""双塔出五禅",具体为以下工程:

图 1-7　牛首山文化旅游项目一期整体布局示意图

图 1-8　牛首山文化旅游项目一期（核心区）建筑方案

图 1-9　牛首山文化旅游项目实景图

图 1-10　修补后的天阙景观

（1）佛顶宫——天阙藏地宫

项目的核心建筑佛顶宫要补天阙、建地宫、修莲道。佛顶宫共 9 层空间，总建筑面积为 136 004.5 平方米，主体建筑长度 220 米。地上 3 层，地下 6 层，地上高度为 46.3 米，地下深度为 43 米。由补阙穹顶、摩崖石刻、禅境大观、展示大厅、商业购物区、会议餐饮区、舍利藏宫、七宝莲道、广场空间等部分组成。地上空间是表现山水主题的禅境福海；地下 1 层到 2 层是商业空间；地下 3 到 5 层是舍利大殿，展现了一个震撼的佛国天宫场景；地下 6 层是供奉佛顶骨舍利的舍利藏宫。通过运用钢结构大跨度壳体覆盖绿色爬藤植物手法，达到修补牛首山西天阙，再现天阙胜境的目的。

在补天阙方面，建筑外形上，以自然的弧度曲线贴合山体的走势，采用钢结构大跨度壳体手法，将西峰因采矿以及后期塌方等因素缺失的山体轮廓修补完整，达到修补牛首山西天阙，再现天阙胜境的目的。

在建地宫方面，佛顶地宫作为牛首山文化旅游区的核心建筑，位于牛首山东西两峰之间挖矿所形成的废弃矿坑中，为穹顶式椭圆形建筑。用来供奉佛祖圣物，建设世界禅博物馆、世界佛教舍利文化博物馆两大博物馆，实现"供奉圣物、保护文物、展示宝物"三大功能，呈现"顶礼卧佛、借花献佛、聆听禅音、瞻礼舍利"四大场景。

在修莲道方面，通过莲道可以直达佛顶地宫。莲道设计的主导思想包括："踏白云天梯上山、入七宝莲道通圣"；经"地、火、水、风"四大变化，历"迎万世光佛、供千慧心灯、沐三界净水、浴八面来风"四大佛境；沿一条圣迹长廊，体悟八相成道；绕一条圣水莲廊，达莲花世界。

表面运用爬藤植被屋顶绿化覆盖手法实现牛首山西峰的生态修复

图 1-11　补天阙（西峰）设计剖面图

图 1-12　佛顶宫大小穹顶

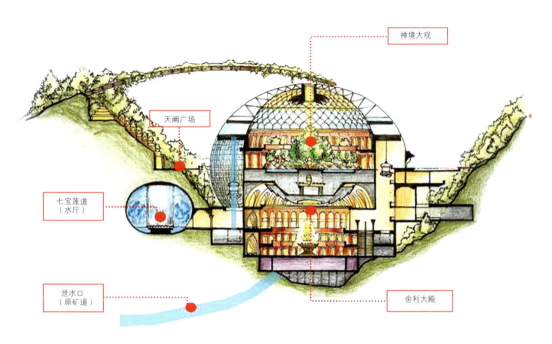

图1-13 佛顶宫空间结构图

图1-14 莲道入口

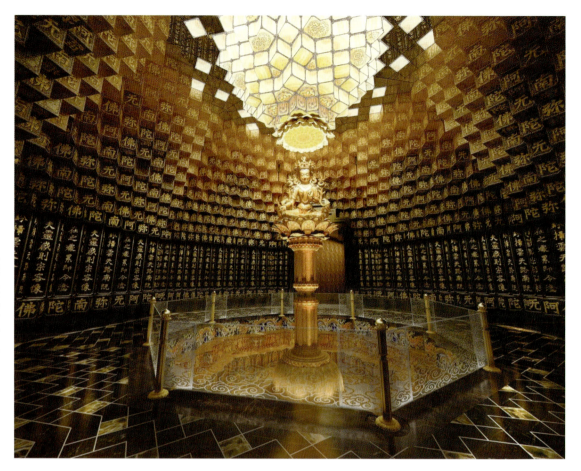

图 1-15 莲道内景

(2) 佛顶塔——现双塔

佛顶塔位于佛顶宫以南,与东峰塔遥相呼应,现双阙双塔美景,恢复牛首山佛教文化历史盛况。佛顶塔为九级方塔,其中地上九层,地下基座一层,总建筑面积约 5 065 平方米,塔高 88 米,以唐代阁楼式塔为设计原型,采用钢筋混凝土结构与木构结合,内部功能为塔宫、博物馆等。

图 1-16　牛首双塔

(3) 佛顶寺——弘五禅

佛顶寺背靠牛首山东峰，隐藏在竹林之中，由南京市佛教协会会长隆相法师亲自选址。佛顶寺按照小群落、大生态，小建筑、大自然的格局，以现代人间佛教的理念建设。佛顶寺总建筑面积约 10 549 平方米，由山门殿、天王殿、大雄宝殿等组成，作为僧侣护持团禅修和佛事活动场所。佛顶寺分南北两个片区，北片是宫殿式结构布局，包括礼佛区和弘法区；南片是院落式布局，包括茶苑区、禅修区和斋堂区。

图 1-17 佛顶寺鸟瞰图

图 1-18 四叶禅院——佛教研究中心

（4）禅意主题生态度假酒店

在一期核心区规划范围内，牛首山文化旅游区建480个禅房，形成具有江南特色的禅意主题生态度假酒店群落。

（5）东入口游客服务中心

东入口位于项目东侧，是旅游区运营后的主要接待入口，作为核心区和整个景区的配套服务，包括游客服务中心、配套商业设施和停车设施等。总建筑面积91 490平方米，其中地上19 867平方米、地下71 623平方米。此功能区是整个牛首山文化旅游项目中佛教建筑与现代建筑融合度最高的建筑。

东入口牛首山游客服务中心的设计摈弃了一般佛教建筑的传统形式，采用表现佛教内涵的现代建筑样式。游客服务中心整体设计造型是佛教中一个最常见的万字符，广场的景观设计采用了香橼树、银杏树等与佛教有联系的树种。建筑形式、文化符号、景观设计都围绕对佛祖的供养来展现。

图1-19 牛首山生态度假酒店

图 1-20 牛首山东入口游客服务中心

（6）市政景观配套工程

牛首山文化旅游区配套建设绿化、市政管网、城市基础设施，主要包括：景区空旷地带增补绿化带，新增景观、绿化面积约为 66 298 平方米；同时建设城市给排水、污水管网，电力、通信系统以及消防系统。

1.4.3 牛首山文化旅游项目投融资概况

本项目由南京牛首山文化旅游发展有限公司负责规划建设。南京牛首山文化旅游发展有限公司于 2012 年 7 月成立，为国有控股有限公司。项目一期工程计划建设工期为 24 个月，计划于 2012 年 9 月开工建设，于 2014 年 9 月建成并对外开放。捷宏润安工程顾问有限公司（原江苏捷宏工程咨询有限责任公司）为本项目全过程工程咨询服务团队，其按照相关文件和规定开展投资估算。经过估算，项目总投资 555 554.1 万元，其中：建设投资 523 907 万元，建设期利息 26 408 万元，流动资金为 5 239.1 万元。项目总投资构成情况如表 1-1 所示。

表 1-1　牛首山文化旅游项目总投资构成

序号	总投资构成	投资额/万元	比例/%	备注
1	建设投资	523 907.0	94.3	
2	建设期利息	26 408.0	4.7	
3	流动资金	5 239.1	1	
	合计	555 554.1	100	

中国进出口银行江苏省分行从响应国家号召，支持江苏省旅游文化国际化出发，同意作为牵头行组建42.44亿元贷款银团，助力牛首山文化旅游区建设。最终，项目融资方案顺利通过中国银行、中国建设银行、中国交通银行、平安银行和江苏银行5家金融机构的审核，成功为建设单位获得42.44亿元的项目贷款。

1.4.4　牛首山文化旅游项目建设概况

本工程由中国建筑工程总公司第八工程局作为总承包单位负责建设。本项目由于建设时间紧、任务重、体量大，加之涉及相关的宗教政策规制、文物保护法规、生态环境保护等要求，项目建设难度较大。此外，项目作为国内首座建造于废弃矿坑内的大型现代宗教建筑，无论在规模还是难度上都是国内其他宗教类项目无法相比的，该项目无相关资料可借鉴，施工难度大。

（1）宗教文化建筑独具特色，项目建设规格高

牛首山文化旅游项目有别于传统房建工程，它既是宗教建筑，又是旅游建筑；既要体现佛教文化，又要体现建筑文化、民俗特色文化等；既要对传统地域文化内涵进行探究，又要利用现代科技的支持，将现代设计理念融入传统文化之中，另外，项目品质要求高，力争达到当代中国佛教建设的最高水平，成为宗教建筑的传世之作。在空间装饰设计上既要传承传统山林佛寺的理念，又要利用现代设计思维，迎合现代大众的兴趣喜好，将佛教文化与许多传统元素掺杂其中，打造成集旅游、观演、展览、佛教文化体验和清修等多种功能于一体的现代佛教文化建筑综合体。

（2）结构形式独特，结构复杂

佛顶宫屋盖采用大跨度铝合金结构体系，长约250米，宽约112米，投影面积约20 968平方米，是目前已知的国内外最大跨度的多曲率异形铝合金结构，具有地形复杂、构件种类多、曲率变化大、安装精度高、成型困难、安装无规律可循等难点。佛顶宫铝合金小穹顶长约140米，宽约100米，结构采用单层铝合金网壳结构，具有构件种类多、曲率变化大、网壳坡度陡（70°）、安装精度高、高空闭合体系自约束安装等难点。穹顶下采用双曲面拉索式异形树影状镂空铝板天花体系，通过法向拉杆、斜拉索和铝板拼花单元之间形成稳定的体系，具有跨度大（130米）、超高（净高44米）、构件复杂（尺寸和镂空花纹无重复）、制作安装难（相交复杂、无规律）等特点，目前国内外未见报道，为首次应用，施工的难度相当大。

（3）施工技术及工艺复杂

项目采用了大量现代技术与复杂传统工艺，如砖雕、木雕、石雕、瓯塑、琉璃干挂、敦煌壁画、瓷板画、掐丝刻金等。佛顶宫首层禅境大观内设置有大型青铜卧佛及铜制无忧树，通过采用蒙皮锻打制作工艺结合现代三维逆向扫描建模、CNC三维加工、3D打印及表皮仿汉白玉材质技术等，做到传统工艺技术现代化的与时俱进，形式多样。地面大面积采用石材拼花加工，安装精度要求高。内墙大量采用雕刻金属构件、木构件、石构件、手绘丝绸，其中嵌以各种形式的艺术构件，如瓷板画、脱胎、琉璃制品等；外立面艺术幕墙，形式多样、异形、曲面构件多，构思内容、加工难度、雕刻纹理为同类工程之最。

（4）地质条件复杂，不利于施工

佛顶宫位于废弃矿坑中，是国内首例在矿坑内建造的建筑。现场地质条件复杂，不良地质现象繁多，如滑坡体、尾矿渣、强风化等。约60米深的坑内施工，狭窄空间内竖向、水平向的材料运输、机械布置、施工组织、交叉施工有别于常规平面项目，不可预见因素多，资源投入量大，过程管控难度高。山体场地狭小，难以布置材料加工场地和堆场，包括钢筋在内的许多材料都需要在山下加工好再运至山顶进行安装，二次搬运工作量极大。人员办公、食宿场地也无法安排在现场，影响管理人员、工人的工作效率；而且牛首山每到夏天山顶都会笼罩在浓浓的大雾中，施工降效极其严重。

图 1-21 约 250 米跨异形多曲面铝合金结构屋盖

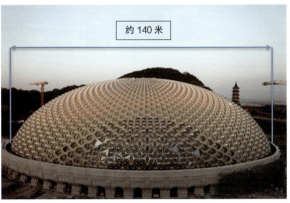

图 1-22 约 140 米跨椭球型铝合金穹顶

图 1-23 双曲面拉索式异形镂空铝板吊顶

图1-24 琉璃　　　　　图1-25 掐丝珐琅　　　　　图1-26 瓷板画

图1-27 万佛廊地面石材拼花　　　　　图1-28 艺术幕墙外立面

（5）工程规模大，涉及专业多

整个建筑占地面积约35.37万平方米，一期建筑面积达24.31万平方米，规模庞大。以佛顶宫为例，开挖土方量达44万立方米，边坡支护锚索长度约14万米，桩基约650根，主体工程混凝土填量达17万立方米，钢筋用量达38 000吨，钢结构量约5 000吨，预应力弧形梁14 966.88米，板4 133.17米，石材幕墙约10 000平方米。

图 1-29 矿坑原始地貌

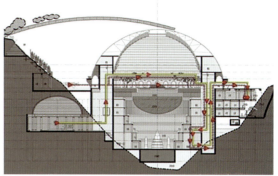

图 1-30 佛顶宫剖面

图 1-31 坑内抽水

图 1-32 150 米边坡

同时项目涉及建筑、结构、装饰、安装、仿古、园林等多个专业，多个专业需紧密配合，及早介入，团队协作。如与工程装饰界面有紧密结构性关联的大型雕塑作品，应及早将重量、吊挂方式等信息反馈给设计单位与施工单位，以便及时发现是否符合结构载荷要求及现场条件，对可能产生的调整做出及时反应。

2 文化产业建设项目决策阶段投资管理与实践

在市场经济条件下，按照"谁投资、谁决策、谁受益、谁承担风险"的原则，工程建设必须加强前期投资策划和决策工作。开展文化产业建设项目决策阶段的投资管理，要明确项目的投资主体，确定其投资管理体制和目标，调研分析项目建设的可行性，合理确定项目的投资估算，为项目投资主体提供决策支持意见，为项目主管部门批复申请提供依据，为项目后期绩效管理提供参考。

2.1 决策阶段投资管理策划

策划是为了达到某种预期目标或完成某一任务，依据掌握的现实情况、信息，分析、判断事物的变化趋势，围绕活动的目标或任务，系统周密地对将采取的途径、方法、程序等进行构思和设计，从中选择合理的行动方式，实现决策的正确和工作的高效。文化产业建设项目决策阶段投资策划是在明确投资主体和投资管理目标的基础上，依据对文化产业建设项目调研掌握的相关现实情况、信息，通过可行性研究和投资估算，分析并判断项目建设的必要性、可行性，对项目建设投资进行总体规划，优选建设方案，确定项目技术经济指标，为项目投资主体提供决策支持意见，为项目主管部门批复申请提供依据、为项目后期绩效管理提供参考。文化产业建设项目投资决策阶段管理策划的流程如图2-1所示。

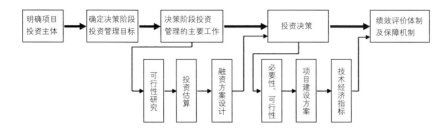

图 2-1 文化产业建设项目投资决策阶段管理策划流程

2.1.1 决策阶段投资管理目标

1）确定文化产业类项目建设的可行性

一般项目投资决策阶段的主要目标是确定项目投资建设的必要性、建设方案及可行性、经济上的合理性，为做出正确的投资决策提供支撑。文化产业建设项目具有文化和产业双重特性。在社会主义市场经济条件下，开发文化产业建设项目还要满足人民多样化的精神文化需求，例如思想、理论、艺术、娱乐、教育等方面的需求。随着全球对环境及可持续发展的高度关注，决策阶段的投资管理目标还应包括项目的可持续性，重视项目全生命周期中可能对社会、经济发展和生态环境的影响以及环境因素的变化对项目发展的影响。

2）确定合理的文化产业建设项目投资估算

投资估算是指在整个投资决策过程中，依据现有的资料和一定的方法，对建设项目从筹建、施工直至建成投产的全部投资额（包括工程造价和流动资金）进行估计。

投资估算对工程设计概算起控制作用。可行性研究报告被批准之后，其投资估算额作为设计任务书中下达的投资限额，即作为建设项目投资的最高限额，不得随意突破。2019 年发布的《政府投资条例》已做明确要求：经投资主管部门或者其他有关部门核定的投资概算是控制政府投资项目总投资的依据。初步设计提出的投资概算超过经批准的可行性研究报告提出的投资估算 10% 的，项目单位应当向投资主管部门或者其他有关部门报告，投资主管部门或者其他有关部门可以要求项目单位重新报送可行性研究报告。

如果文化产业建设项目属于政府投资，那么决策阶段的目标就包括发挥政府投资作用，提高政府投资效益，激发社会投资活力。政府投资一般投向市场不能有效配置资源的公共领域的项目，以非经营性项目为主。很多文化产业项目具有社会公益性，因此采取政府投资占主导的方式。在深化投资体制改革的过程中，中央按照项目类型界定政府投资和社会投资的边界。基本原则是基础性项目建设要鼓励和吸收各方投资参与；社会公益性项目建设要广泛吸收社会各界资金；竞争性项目投资由企业自主决策，自担风险，自负盈亏。

2.1.2 决策阶段投资管理主要工作

政府投资项目应遵循规范管理、绩效管理，遵循公开透明的原则。为了达到决策阶段投资管理的目标，根据《基本建设财务规则》和《政府投资条例》，对于采取直接投资方式、资本金注入方式的政府投资项目，项目单位应当编制项目建议书、可行性研究报告、初步设计，按照政府投资管理权限和规定的程序，报投资主管部门或其他有关部门审批。尽管国家不再对所有建设程序实行审批制度，但是项目建议书和可行性研究作为项目建设的科学程序，依然是需要进行的。在市场经济条件下，按照"谁投资、谁决策、谁受益、谁承担风险"的原则，工程建设必须加强前期投资决策工作。以上规定及决策程序确定了决策阶段投资管理的流程和主要工作。

2.2 投资决策阶段要点分析及方法

文化产业建设项目可行性研究除了采用一般可行性研究的方法外，还应结合项目行业特点进行多角度论证，可采用定性与定量相结合的方法，提高可行性研究的精度。

文化产业建设项目可满足民众的人文精神需求，民众关注度高，产业价值链长，就业容量大，是目前典型的绿色经济，其可行性研究内容需重点关注以下几个方面。

2.2.1 文化产业建设项目政策背景分析

1）国家、地方的发展规划及相关政策背景分析

在对欧洲、南美洲、亚洲多个城市的案例研究的基础上，学者们指出政府的政策、城市便利的基础设施和配套设施是影响文化产业发展的关键因素。文化产业建设项目的投资决策首先要关注国家、地区现有的法律法规和政策文件，并且与国家、地区发展的总体趋势保持一致。国家政策主要包括国民经济发展及文化产业发展规划、行业用地政策、征地拆迁与补偿政策变化等。地方政策主要为省、市制定的城市总体规划、文化产业发展方向、区域控制性详细规划、环保及财税政策等。这些政策的变化不仅会影响文化产业项目的未来市场需求、价格，还可能带来建设成本的增加，影响项目的投资效果。要加强对国家宏观经济政策、文化产业政策以及地方政策的研究，把握国家及地方政策的动态，在政策调整时，及早制订出对策，化解因政策调整而带来的投资变化的风险。

2）经济发展和文化产业市场分析

首先，从项目投资的角度看，深入的市场调研和分析可以帮助投资者了解市场需求，精准的项目定位是项目成功的关键。因此应重视对文化产业总体市场情况、细分市场情况、产业类别、产品类别等方面进行调研与分析。其次，从国家"十三五"时期开始，中国文化建设开始关注需求，贴近市场，让可以产业化的部分大步走入市场。

在产业类型方面，文化服务业保持逐年增长，2020年营业收入达到98 514亿元；文化服务业所占比重逐年提高。在行业类别方面，文化运营达到451亿元以上的营业收入，文化娱乐休闲服务达到1 115亿元左右的营业收入。从以上的数据可以看出，文化服务业市场繁荣，企业创收能力不断提高。（表2-1）

除产业规模快速扩大外，文化产业还呈现与数字化、旅游业、新媒体等产业相互融合发展，不断扩大的趋势。

3）社会及文化背景分析

社会背景主要包括当前的社会状况、经济发展状况、政治发展及社会现象和特点。文化背景主要指区域文化对人的身心发展和个性形成产生影响的物质文化和精神文化环境。在不同历史时期、不同民族、不同地区，人们所创造和积累、发展起来的文化彼此之间存在较大差异。

表 2-1　全国规模以上文化及相关产业企业营业收入

年份		2016	2017	2018	2019	2020
全国	企业数量/万家	5	5.5	6	5.8	6
	营业收入/亿元	80 314	91 950	89 257	86 624	98 514
	年增长（同口径）/%	7.5	10.8	8.2	7.0	2.2
产业类型	文化制造业 收入/亿元	—	—	38 074	36 739	37 378
	年增长（同口径）/%	—	—	4.0	3.2	−0.9
	占所有产业比重/%	—	—	42.7	42.4	37.9
	文化批发和零售业 收入/亿元	—	—	16 728	14 726	15 173
	年增长（同口径）/%	—	—	4.5	4.4	−4.5
	占所有产业比重/%	—	—	18.7	17.0	15.4
	文化服务业 收入/亿元	1 554	—	34 454	35 159	45 964
	年增长（同口径）/%	19.3	—	15.4	12.4	7.5
	占所有产业比重/%	—	—	38.6	40.6	46.7
行业类别	文化投资运营 收入/亿元	—	—	412	221	451
	年增长（同口径）/%	—	—	−0.2	13.8	2.8
	文化娱乐休闲服务 收入/亿元	1 242	1 545	1 489	1 583	1 115
	年增长（同口径）/%	19.3	14.7	−1.9	6.5	−30.2

注："—"代表无相关统计数据（数据来源：国家统计局网站）

在实际操作过程中，可结合区域文物遗址、民族民俗特色、宗教文化特点等对社会文化背景进行分析，明确区域民众的兴趣喜好及精神需求，从而实现对项目特色的精准定位，提高项目的市场竞争力及关注度。

促进文化产业发展是社会主义市场经济条件下满足民众多样化精神文化需求的重要途径，是充分发挥市场在文化资源配置中的积极作用、激发全社会文化创造活力的必然要求。文化产业建设项目的提出及投资管理必须深入分析、明确文化产业及项目的社会需求。

2.2.2 项目规划与建设方案

1）项目产品规划

文化产业建设项目有两个主要特征，即文化特征和产业特征。作为文化，其具有意识形态特征；作为产业，其有经济运营的特征。文化产业建设项目的意识形态特征使其明显区别于其他建设项目，也决定了其项目产品规划的目标和程序与其他建设项目存在较大的不同。

文化产业建设项目，尤其是与地产结合的文化旅游综合体项目，往往投资额巨大，建设周期长，并且对内容运营整合要求极高。此外，文化旅游项目的产业链比较长，消费面比较广，为了保证投资效果，在决策阶段进行充分的市场调研、精准的定位至关重要。文化产业建设项目由于其文化的特殊性，在对产品进行规划时，选择类似项目进行产品业态设置和营业收入来源的调研和分析，并针对规划项目特征进行策划是非常必要和可行的。但是文化发达的同时可能带来文化的同质性，应注意避免文化产品的同质性带来文化消费效应的降低。现代性总是以形式上的统一性为代价，因此以文化资源为基础的文化产业项目极其容易在文化现代性的背景下走向同质性，使得文化产业项目的根基不牢，所以要协调好区域传统文化的传统性与现代性的关系。文化产业建设项目建成后是提供文化消费服务，其文化受众、文化需求等存在很大的不确定性，因此对项目产品策划的同时，应重视项目的总体定位、目标客群、产品功能设置及运营收益点。

2）项目建设地点

文化产业建设项目地理位置的选择非常重要，在一定程度上决定了所建项目的前景，也在本质上影响着投资的数额和项目后期的经济效益。文化产业建设项目在进行项目选址时，一般都会立足区域已有文化基础、文物及自然资源禀赋，具有一定的文化传承性。除此之外，还需要从以下几个角度考虑项目选址，避免选址失误造成投资效益低下或产生无效投资。

（1）政府和国家层面的经济发展宏观规划和地区经济的区域性发展水平。文化产业的发展依赖于地区经济，经济总量、城市规模、服务设施、消费需求及人口等处于全国领先的区域是文化产业项目的首选布点城市，文化产业项目通常选址在发达城市周边、旅游目的地城市或风景名胜城市周边，重点考虑项目区是否具备充足的客源市场。

（2）建设区的自然资源、环境特点、地质结构、水文特征等对项目建设的影响。特色的文化底蕴、风景名胜古迹及资源的唯一性和不可复制性是文化产业项目可持续发展的基础。

（3）项目环境风险评估，关注项目对环境的影响，以及当地对环境保护的要求。评估项目开发范围是否符合当地环保及国土规划，是否占用生态及耕地红线，开发活动及运营过程是否会对项目现状环境带来不利影响。

（4）项目建设地点的交通、市政基础设施及住宿、文化休闲及消费体验等配套设施情况。

3）项目总体建设方案

首先是项目建设规模。文化产业建设项目主要面向社会大众，在确定项目规模时往往会片面追求项目建设规模大，而不考虑客观的市场接受能力，容易造成供过于求，经济效益降低。在项目投资决策阶段，文化产业建设项目应进行充分的前期调研，根据调研资料来确定合适的建设规模，既要满足当地经济发展的需要，又要达到真正实用的目的。

其次是项目建设水平。文化产业建设项目一定程度上具有城市窗口、城市宣传的作用，建设水平一般较高，有些甚至达到了世界领先的水平。但从投资控制的角度来讲，如果市场定位不明确，一味追求较高的建设水准，甚至超过了当时的技术和施工水平，势必造成投资剧增，失去控制。所以要以我国经济发展水平为基本依据，结合项目所在地的经济和技术水平、项目的市场定位、功能等合理确定文化产业建设项目的建设标准，避免因追求不符合实际的市场定位和建设水平而造成投资失控。

2.2.3 项目投融资方案及效益评价

1）项目投资估算及融资方案设计

在决策阶段的投资控制中，投资估算的合理确定是其中最为关键的因素。只有合理地估算出工程投资的额度，才能够对方案选择做出正确的结论，才能够对工程设计以及工程实施起到良好的控制作用，保证建设项目良好的经济和社会效益。

为了有效控制建设资金成本，进行合理的融资方案设计也非常重要。一般而言，文化产业建设项目具有投资大、建设周期长的特点，对资金的需求非常巨大。资金成本的高低决定了项目建设成本的多少。需要加强对各种融资渠道的研究，多方面比选融资方案，选择最优的融资方案以降低资金成本。此外，文化产业建设项目建设周期的长短也会影响项目融资方案。

2）项目社会效益和环境效益的评价

文化产业建设项目建设的时候一定要注意文化的导向性。这就要求文化产业建设项目在追求经济效益的同时，不可忽视其社会效益和环境效益。文化产业建设项目要从哪些方面、如何满足人民的精神需要，要实现怎样的教育宣传目的，都属于文化产业建设项目的社会效益范畴。文化产业建设项目的社会效益难以估算，这也是文化产业建设项目的投资管理目标的特殊之处。

2.3 投资估算的合理确定

在决策阶段的投资控制中，投资估算的合理确定是其中最为关键的因素。只有合理地估算出工程投资的额度，才能够对方案选择做出正确的结论，才能够对工程设计以及工程实施起到良好的控制作用，保证建设项目的良好的经济和社会效益。同时，投资估算作为项目建议书和可行性研究报告的重要组成部分，是项目决策的重要依据之一。投资估算的合理、准确与否，不仅影响到投资决策的正确进行，而且影响到下一阶段设计概算和施工图预算的编制，并对建设项目的资金筹措有直接的影响。

2.3.1 投资估算的阶段及精度

在我国，项目的投资估算是初步设计阶段前必须进行的一个工作，能够对设计阶段的成本控制提供依据，将成本控制在投资限额内。我国项目投资估算的阶段划分、精度要求及其作用如表2-2所示。

2.3.2 项目投资构成及估算内容

1）项目投资估算内容

在不同时期、不同条件下，对建设项目总投资的构成存有不同的理解和规定。建设项目总投资组成的费用项目划分，要衔接可行性研究投资估算与初步设计概算，也要满足建设项目经济评价的费用划分需要。根据国家有关法律、法规和《基本建设财务管理规定》《中央预算内基建投资项目前期工作经费管理暂行办法》《国有建设单位会计制度》《建

表 2-2 投资估算的阶段划分、精度要求及其作用

投资估算的阶段划分	投资估算误差率	阶段工作内容及投资估算的主要作用
项目规划阶段	>±30%	1. 按项目规划的要求和内容，粗略估算项目所需投资额 2. 否定项目或决定是否进行深入研究的依据
项目建议书阶段	±30%以内	1. 按项目建议书中的产品方案、项目建设规模、产品主要生产工艺、初选建厂地点等，估算建设项目所需的投资额 2. 主管部门审批项目建议书的依据 3. 否定或判断项目是否需要进行下阶段的工作
初步可行性研究阶段	±20%以内	1. 在掌握更详细、更深入的资料的条件下，估算建设项目所需的投资额 2. 据以确定项目是否进行详细可行性研究
详细可行性研究阶段	±10%以内	1. 决定项目是否可行 2. 可据此列入项目年度基建计划 3. 项目投资限额
评估审查阶段	±10%以内	1. 作为对可行性研究结果进行评价的依据 2. 作为对项目进行最后决定的依据

设项目经济评价方法与参数》等规定，在可行性研究阶段，建设项目投入的总资金包括建设投资、建设期利息和流动资金等。建设项目投资的构成如表2-3所示。

决策阶段投融资估算首先需要对建设投资、建设期利息、运营期流动资金（铺底流动资金）进行估算，来确定项目总投资，为投资人确定融资规模提供依据。其次，为了确保投资决策的正确性，还需要对项目未来营业收入来源、价格、数量进行估算，为项目经济可行性分析提供依据。最后，项目还需进行融资模式策划，确定项目融资成本等，为项目财务可行性分析提供依据。

2）文化产业建设项目投资估算构成比例分析

文化产业建设项目有别于传统房建工程，属于有特定用途、特定功能的文化产业建筑，有专业要求、有文化内涵要求，具有复杂的建筑外立面，装饰综合应用现代技术与传统工艺，大量采用石材、木雕、琉璃干挂工艺、敦煌壁画等。现代文化产业建设项目中，土建、精装、安装、景观、艺术品、石材等为主要建设内容。文化产业建设项目与一般工程对比，除了土建、安装之外，精装饰在总造价中的占比较高。

表 2-3 建设项目总投资的构成

可研阶段	费用组成				初步设计阶段
项目投入总资金	建设投资	固定资产投资	固定资产费用	建筑工程费	第一部分 工程费用
				设备购置费	
				安装工程费	
			固定资产其他费用	建设单位管理费	第二部分 工程建设其他费
				可行性研究费	
				研究设计费	
				勘察设计费	
				环境影响评价费	
				劳动安全卫生评价费	
				场地准备及临时设施费	
				引进技术和引进设备其他费	
				施工队伍调遣费	
				工程保险费	
				联合试运转费	
				特殊设备安全监督检查费	
				……	
		无形资产费用		建设用地费	
				专利及专有技术使用费	
				……	
		其他资产费用		生产准备及开办费	
				……	
		预备费		基本预备费	第三部分 预备费
				价差预备费	
	建设期利息				第四部分 专项费用
	流动资金（项目报批总投资和概算总投资中只列铺底流动资金）				
	固定资产投资方向调节税（暂停征收）				

项目概算总投资

2.3.3 投资估算的依据

在进行投资决策时应该将投资估算编制的科学性和可靠性列入重点控制对象。文化产业类项目投资估算的编制依据除常规项目依据外，更重要的是对类似项目调研数据进行充分的研究和调查，获取足够多足以支撑的数据和信息，以提升投资估算的准确性。

1）投资估算的编制依据

投资估算的编制依据是保证估算编制精度的基础材料，应保证材料的真实、可靠，根据《建设项目投资估算编审规程》(CECA/GC 1-2015)规定，投资估算的依据主要包括：

（1）国家、行业和地方政府的有关规定；

（2）工程勘察与设计文件，图示计量或有关专业提供的主要工程量和主要设备清单；

（3）行业部门、项目所在地工程造价管理机构或行业协会等编制的投资估算指标、概算指标（定额）、工程建设其他费定额（规定）、综合单价、价格指数和有关造价文件等；

（4）类似工程的各种技术经济指标和参数；

（5）工程所在地的同期的工、料、机市场价格，建筑、工艺及附属设备的市场价格和有关费用，大宗材料的采购情况；

（6）政府有关部门、金融机构等发布的价格指数、利率、汇率、税率等有关参数；

（7）工程所在地的水电路状况、地质情况；与项目建设相关的工程地质资料、设计文件、图纸等；

（8）委托人提供的其他技术经济资料。

2）类似项目投资及运营调研数据

文化产业建设项目由于其文化背景的特殊性，为了估算建设成本，进行项目定位、收入来源策划等，需要对类似项目进行深入调研。类似项目调研数据重点包括建设项目服务类型、建设规模、建设时间、投资额、建设进度安排等。文化产业建设项目类似项目调研需要重点关注如下几方面的信息：

（1）项目特征指的是拟建项目的类型、规模、建设地点、时间、总体建筑结构、施工方案、主要设备类型和建设标准等。这些是进行投资估算的最根本的内容，类似项目信息越翔实，对项目估算编制结果的准确性就贡献越大。

（2）类似项目的竣工决算资料，为投资估算提供可比资料；

（3）类似项目所在地区的状况，包括该地区的地质、地貌、交通等情况，作为对预期投资项目相关资料进行调整的依据；

（4）类似项目的时间条件，例如项目的开工日期、竣工日期、每段时间的投资比例等，此方面信息主要是考虑每段时间有不同的价格标准、利率水平等；

（5）类似项目的政策条件，投资中需缴纳哪些规费、税费及有关的取费标准等；

（6）类似项目的运营信息，包括营业收入、营业成本等，为预期建设项目业态规划及收入来源的策划提供依据。

2.3.4 投资估算的编制方法

一般项目投资估算的方法主要有生产能力指数法、系数估算法、比例估算法、混合法、指标估算法等。项目建议书阶段投资估算主要采用前四类方法，可行性研究阶段投资估算原则上应采用指标估算法。实际工作中应在遵循"估算编审规程"要求的基础上结合编制者所掌握的国家及地区、行业或部门相关投资估算基础资料和拟建项目已有数据的合理、可靠、完整程度选用合适的方法。

对于文化产业类建设项目，为了提高其编制的精度及效率还可以采用类似项目比较法、指标估算法、大数据等方法进行投资估算的编制。

1）类似项目比较法

对于文化旅游类建设项目，由于相关文化及地域的特殊性，在项目个性化特性比较突出的情况下，更适合采用类似项目比较法辅助进行投资估算。类似项目比较法是通过与类似项目的造价进行比较来确定提议项目造价的一种方法。虽然此方法的精度不高，但是在项目决策阶段相关资料和信息不足的情况下，可以达到辅助项目决策的目的。

在确定类似项目时，造价师必须确保提议项目与类似项目在设计和用途方面必须相似。对于文化产业类建设项目在进行项目比较时，估价师需要考虑如下信息，并对提议项目成本进行适当调整：

（1）项目市场形象；

（2）项目规模、建筑物的楼层高度及范围；

（3）项目地点；

（4）项目建设时间；

（5）建筑结构相关信息，例如结构类型、装修等级、场地利用率和土壤条件等。

2）指标估算法

指标估算法的理论基础是类似项目比较法。指标估算法是根据以往统计的或自行测定的投资估算指标来乘以待估项目的估算工程量，得到估算投资额。此方法，国外称为平方英尺估算法（Square-Foot Estimating）或者每平方米建筑成本法（Building Costs Per SQM）。国外多个著名造价咨询公司提供此种投资估算指标，用于初步可行性研究（Initial Feasibility Studies）辅助决策。例如，美国Gordian造价咨询公司提供的RSMeans平方英尺成本数据（RSMeans Square Foot Cost Data）；澳大利亚Rawlinsons造价咨询公司的《澳大利亚施工手册》（*Australian Construction Handbook*）提供的每平方米建筑成本（Building Costs Per Square Metre）。

采用指标估算法时，应根据项目的设计深度，选用不同的指标形式，同时要根据国家有关规定、投资主管部门或地方颁布的估算指标，结合文化产业建设项目的具体情况进行编制。根据国家或地方出版的关于投资估算指标的相关资料，造价专业人员可以采用单元指标估算法或单位面积综合指标估算法进行投资额的估算。国内针对不同省份、不同项目类型出版了多种投资估算指标，例如《江苏省建设工程造价估算指标（2017年）》《江苏省市政工程造价估算指标（2019年）》《绿色建筑经济指标》等，可以作为投资估算的依据。

套用的指标与具体工程之间的标准或条件有差异时，应加以必要的换算或调整，使用的指标单位应密切结合每个单位工程的特点，能正确反映其设计参数，切勿盲目套用。估算指标是投资额计算的基础，能提高投资估算的准确度，对建设项目的合理评估进行正确决策具有重要意义。

3）大数据

大数据（Big Data），IT行业术语，是指无法在一定时间范围内用常规软件工具进行捕捉、管理和处理的数据集合，是需要新处理模式才能具有更强的决策力、洞察发现力和流程优化能力的海量、高增长率和多样化的信息资产。大数据已成为企业和社会关注的重要战略资源，将引发新一轮的技术革命。

大数据与云处理相结合，云处理为大数据提供了弹性可拓展的基础设备，是产生大数据的平台之一。已建成的文化产业项目的相关数据，经过云处理后,形成文化产业项目资料的数据共享。2015年9月,国务院印发的《促进大数据发展行动纲要》指出,要大力推动政府部门数据共享,稳步推动公共数据资源开放。文化产业建设项目的数据资料将为后续的文化产业建设提供基础,大数据的出现为造价数据的交流和共享提供了技术支持。文化产业建设项目可以从数据库中寻找类似项目的造价数据资料,为项目的投资估算编制提供数据支持,提高投资估算的准确性及估算效率。

2.3.5 文化产业建设项目投资估算的特殊性

对于文化产业建设项目,由于其建设产品的特殊性,在其投资估算中还需要关注以下几点:

(1)文化产业建设项目经常会采用大量新技术、新材料、新工艺,而这些新技术、新材料、新工艺的造价水平没有历史数据,没有定额、标准执行。投资估算时需要通过分析类似项目数据,并根据类似项目经验对新技术、新工艺的工法进行预判来合理确定造价。

(2)文化产业建设项目的投资除一般建设项目的投资外,还包括宗教民俗、文化产品、艺术表现等无形资产。由于文化产业建设项目的地域性和文化上的独特性,无形资产的投资难以准确估算。例如:南京牛首山文化旅游项目中佛顶宫的彩绘、石材雕刻等工程,靠大师全手工在现场创作或全手工雕刻,因大师作品的艺术性不同,无统一定价标准,这给工程实施过程中的造价估算工作带来很大的难度。

(3)在文化产业建设项目的营业收入估算中,需要关注文化产品的定价以及文化(旅游)需求的变动性,例如疫情对文化旅游产业的影响,应做好敏感性分析。

2.4 项目融资策划

融资与投资是资金活动不可分割的两个环节。融资是投资的前提,投资是融资的目的。投资和融资要在数量上达到平衡,时间上做到有效衔接,才能确保项目投资活动开展顺利。

2.4.1 传统融资渠道及成本

融资是指企业通过各种途径筹措企业生存和发展所必需的资金，可分为债权融资和股权融资两种方式。债权融资常采用的方式有银行贷款融资、企业债券融资和短期融资券和中期票据融资等。

1）银行贷款融资：指借款人为满足自身建设和生产经营的需要同银行签订贷款协议，借入一定数额的资金，并在约定期限还本金并支付利息的融资方式。按贷款的用途不同，又可将贷款分为流动资金贷款、固定资金贷款和专项贷款等。

2）企业债券融资：指企业依照法定程序公开发行并约定在一定期限内还本付息的有价证券，包括依照公司法设立的公司发行的公司债券和其他企业发行的企业债券。目前上市公司发行的公司债券由证监会审批，非上市公司发行的公司债券和其他企业发行的企业债券由发改委审批。相对于银行贷款，企业债券的综合融资成本低于同期银行贷款成本。

3）短期融资券和中期票据融资

短期融资券：是指具有法人资格的非金融企业在银行间债券市场发行的约定在 1 年内还本付息的债务融资工具。

中期票据融资：是企业在银行间债券市场发行的一般性债务，无须担保、资产支持或其他复杂交易结构。企业在主管机构注册一定发行额度后可以按需分期发行。

短期融资券的期限在 1 年以内，中期票据的期限为 1 年以上，以 3~5 年为主。

表 2-4 三种债权融资方式比较

债权融资方式	优点	不足
银行贷款融资	我国银行种类较多，分布广泛，各家银行贷款的类型、期限不一，贷款操作相对灵活，风险较小	贷款利率较高，申请手续比较麻烦，筹资金额受限于银行审批的额度，放款节奏依赖于贷款单位的投资进度及运营状况，具有不确定性
企业债券融资	融资成本相对较低，贷款期内还款压力较小，参与主体较多、风险相对较小	对企业品牌、信誉要求较高，主管部门审核严格，受政策风险影响较大
短期融资券和中期票据融资	申请程序简单，融资成本较低；募集资金用于生产经营，没有固定的使用期限；一次注册，分期发行，具有一定的灵活性	期限较短，利率风险及发行风险大

2.4.2 多元融资渠道

文化产业属于知识密集型、资本密集型产业，充足的资金是确保文化产业持续发展的关键。随着文化产业融资需求的不断增加，文化产业建设项目融资除了通过传统的金融机构融资外，还应考虑多元融资渠道，借助证券融资、投资基金、民间资本等渠道，拓宽融资资金来源，为项目建设发展争取更多资本。2018年8月16日，中国银行协会首次针对银行业支持文化产业发展发布了《银行业支持文化产业发展报告（2018）》。报告显示，截至2017年末，21家主要银行文化产业贷款余额达7 260.12亿元。其中，文创贷、文化贷、知识产权质押贷、商标权质押贷、艺术品质押贷、著作权质押、产业投资基金等创新模式颇为亮眼。对于产业投资基金，从中央到各省市、区县及地区，各级文化产业政府投资基金快速增长，非常活跃。作为新兴事物，文化产业政府投资基金有效发挥了财政资金的杠杆作用，兼顾社会效益和经济效益的同时，激活了社会资本。例如北京市文化中心建设发展基金、江苏省政府投资基金、苏州市文化产业投资引导基金等。

文化产业建设项目也应关注民间资本融资渠道。2005年国务院发布的《国务院关于鼓励支持和引导个体私营等非公有制经济发展的若干意见》进一步引导并推行政府和社会资本合作（PPP）的模式。2018年文化和旅游部、财政部联合印发《关于在旅游领域推广政府和社会资本合作模式的指导意见》（以下简称《意见》），调动更多社会资源参与旅游业发展，探索推广旅游PPP实施路径。近些年，很多大型文化产业建设项目采用PPP模式进行项目的融资和建设，例如中建八局联合南京城建控股、无锡拈花湾文投、天津拈花湾设计中标南京牛首山金陵小镇PPP项目，总投资额61.24亿元，合作期25年（建设期5年，运营期20年）。

但是由于文化企业的核心资产抵质押仍不够完善，文化产业信贷融资瓶颈仍待破解。政府方在逐步完善文化产业融资政策，制订了一些针对文化产业、文化产业融资机构的税收减免等方面的政策。例如：福建晋江市人民政府发布了扶持文化企业做大做强的政策，对符合条件的文化企业通过银行贷款实施重点发展项目所实际支付的利息给予补贴。此外，随着网络化发展趋势的日益明显，文化产业协会可能打造网络融资平台，借助现代化网络技术，实现产业融资创新。创新融资方式包括但不限于众筹、P2P服务、第三方支付等方式。文化产业建设项目在融资安排时可以调查并考虑上述融资优惠或创新融资资金来源。

2.5 牛首山文化旅游项目决策阶段投资管理实践与启示

牛首山是牛头禅宗的发源地，是佛顶骨舍利的供奉地，佛教文化底蕴深厚。牛首山兼具郑和文化、江南文化和自然生态等条件，旅游资源十分丰富，区位优势明显，休闲旅游功能的诉求也日益升温。牛首山文化旅游项目是文化产业建设项目的代表之一，其在决策阶段投资管理的实践可以为后续其他文化产业建设项目提供经验和启示。本节从项目可行性研究、投资估算、融资模式、市场运营模式及营销策划等方面进行介绍。

2.5.1 牛首山文化旅游项目决策阶段投资管理策划

南京牛首山文化旅游区是由南京牛首山文化旅游集团有限公司负责规划、开发、建设，由南京钧和文化产业有限公司负责对外运营的综合性文化旅游区，整体规划总面积29平方千米。南京牛首山文化旅游集团有限公司（曾用名：南京牛首山文化旅游发展有限公司）是国有控股的有限责任公司。

2.5.2 牛首山文化旅游项目背景分析

牛首山西峰为废弃矿坑，通过矿坑山体加固、生态覆绿等技术生态修复西峰，增加牛首山区域生物的多样性。采取保育山林、丰富林相、融景功能等手段，构建绿色生态体系、涵养场地自然植被、重塑缓冲植被景观、修复矿坑场地肌理、还原野趣栖息生境，将原有开发过度的生态系统全面恢复成具有多层次生态系统的都市地景奇观。牛首山文化旅游资源丰富，利用天然矿坑建成世界上最大地宫来供奉佛祖圣物，建设世界禅博物馆、世界佛教舍利文化博物馆两大博物馆，以实现"供奉圣物、保护文物、展示宝物"三大功能，呈现"顶礼卧佛、借花献佛、聆听禅音、瞻礼舍利"四大场景，项目将按照"生态修复、文化修补"的思路，将废弃矿坑的不利条件转化为特殊优势，打造出"佛顶圣境"。

牛首山文化旅游项目建成后将供奉2008年在大报恩寺遗址地宫里发现的佛顶骨舍利。该圣物为目前世界上现存唯一的佛顶真骨舍利。届时，本项目供奉舍利的大佛顶宫将成为天下僧众心中的圣地，从而使中国佛教文化弘扬四海。

南京作为我国历史文化名城，旅游经济一直占有重要的地位，虽然整体基础配套设施在全国处于优势地位，但是放在全球角度，整体上还有待完善和加强，项目通过发掘、提炼、提升和强化相关文化遗迹、自然生态的人文寓意，不着痕迹地恢复、修复、提升、优化自然景观，适当进行人文、生态景观打造，提供互动体验、旅游配套、休憩设施，自然呈现牛首山人文遗迹和自然生态的无尽禅意，从而最终达到文化历史与自然景观相结合的效果，南京牛首山文化旅游区是南京作为国际旅游城市的重要组成部分，必将对提升南京国际化旅游品质产生深远的影响。

随着我国旅游业的蓬勃发展，旅游业逐渐成为服务业中的新支柱产业，对经济、社会发展的贡献率日益提高、旅游业对其他产业的投资拉动效应越来越受到各方瞩目。牛首山风景区文化底蕴深厚、旅游特色突显，景区文化产业的发展不仅可以提升牛首山片区旅游的影响力，达到全域旅游的目的，还将带动旅游消费和服务业发展，增加区域就业机会，促进经济社会发展。

2.5.3 实施地政策调研及分析

首先，通过研究《中共中央关于深化文化体制改革 推动社会主义文化大发展大繁荣若干重大问题的决定》（2011年10月18日中国共产党第十七届中央委员会第六次全体会议通过）、《国务院关于加快发展旅游业的意见》（国发〔2009〕41号）、《国家"十二五"时期文化改革发展规划纲要》，确定该项目符合我国提出的推动社会主义文化大发展大繁荣、进一步兴起社会主义文化建设新高潮的发展格局，符合使旅游业成为国民经济支柱性产业的发展规划和相关政策规定。

其次，通过研究《江苏省旅游业发展"十二五"规划》以及《南京市"十二五"旅游产业发展规划》等政策文件，确定该项目符合江苏省提出的把江苏省建设成为文化强国、旅游大省的发展规划和相关政策规定。

最后，通过对照《产业结构调整指导目录（2011）》，确定该项目属于"鼓励类"第三十六项"教育、文化、卫生、体育服务业"中第5条"文化艺术、新闻出版、广播影视、大众文化、科普设施建设"项目。通过以上调研分析，捷宏咨询团队确定了项目建设具有政策支持基础。

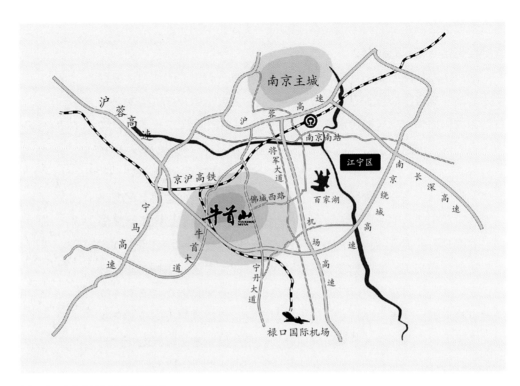

图 2-2 牛首山景区周边地理位置

图 2-3 矿坑地貌

2.5.4 建设规划及规模论证分析

1）景区定位

牛首山自然风光秀美,素有"春牛首"的美誉;区域文化底蕴深厚,是岳飞抗金之地及郑和长眠之所;佛禅文化源远流长,是中国牛头禅宗的开教处与发祥地。

山体海拔242.9米,因为东、西峰对峙的形状像牛头双角而得名,民间又叫牛头山,项目实施前,牛首山上只留下了东峰,西峰的山体在1937～1958年期间受到了两次破坏性的铁矿开采,形成了一个约60米深的矿坑,环境现状破坏严重。

针对区域环境现状及佛禅文化的历史,建设单位在多方研究的基础上,规划以"长期安奉世界佛教最高圣物——佛顶骨舍利"为主题,以"世界佛教文化新遗产、当代建筑艺术新景观"为建设定位,深度挖掘生态资源、文化资源和旅游资源融合发展,着力打造"生态、文化、休闲"三大胜境,项目占地面积约353 700平方米（约530.6亩）,并被列入南京市"十二五"期间重大文化项目。

2）景观融合

牛首山景区核心区的设计理念为补天阙、修圣道、藏地宫、现双塔、兴佛寺、弘文化,以"打造世界佛教文化新遗产,再现当代建筑艺术新景观"为宗旨。2011年9月,完成"天阙藏地宫,双塔出五禅"的创意策划概念方案,2012年,经宗教和文化行政主管部门以及佛教和文物界研究同意,确定在牛首山文化旅游区建地宫安奉佛顶骨舍利的意向。在方案设计阶段,建设单位联合规划设计、投资策划、工程造价等专业机构从景观整体性、功能合理性及投资经济性等角度多方论证,最终确定景区建设宜充分利用山体矿坑的现状条件,打造佛顶宫。景区核心区总图指标如表2-5所示。

2012年9月16日,牛首山文化旅游项目正式开工建设。2015年10月27日,释迦牟尼佛顶骨舍利正式供奉至牛首山佛顶宫内,牛首山文化旅游区正式开园。随着景区的不断开发,景区佛禅文化内容逐步丰富,目前现有佛顶寺、佛顶塔、佛顶宫等核心景观,在核心区外围,充分挖掘周边古迹遗存,对岳飞抗金故垒、摩崖石刻、弘觉寺塔、郑和文化园等实施文物生态保护及环境提升工程,打造朝拜礼佛神圣道场、休闲旅游度假胜地。

表 2-5 牛首山文化旅游项目总图指标

序号	项目	单位	数值	备注
1	项目占地面积	平方米	353 700.0	约 530.6 亩
2	建（构）筑物占地面积	平方米	99 005.4	
3	建（构）筑物总建筑面积	平方米	298 109.1	
3.1	佛顶宫面积	平方米	136 004.5	9层，总高89.3米
3.2	佛顶寺面积	平方米	10 549.2	1～2层
3.3	佛顶塔面积	平方米	5 065.4	总高88米
3.4	禅意别院面积	平方米	5 000.0	
3.5	配套酒店面积	平方米	50 000.0	300间客房
3.6	入口功能区面积	平方米	91 490.0	旅游配套设施
4	道路面积	平方米	21 100.0	新增
5	广场、停车场面积	平方米	58 800.0	停车场山下另建
6	景观、绿化面积	平方米	56 130.0	新增
7	容积率	—	0.86	
8	绿化率	%	65	整个规划范围

图 2-4 牛首山风景图

图 2-5 牛首山文化旅游区导览图

（1）佛顶宫

佛顶宫属于深坑建筑，是佛顶骨舍利长期供奉之所，长 220 米，宽 160 米，总体高度 89.3 米，单体建筑面积约 13.6 万平方米。其外部空间分为大穹顶、小穹顶和佛顶摩崖三大部分；内部空间共 9 层，地上 3 层、地下 6 层，由禅境大观、舍利大殿和舍利藏宫三大空间构成。整个佛顶宫不仅是珍藏佛祖顶骨舍利、接受信众瞻礼参拜的主要场所，还是将舍利文化、世界佛禅文化以各种艺术手法集中呈现的文化展陈场所。

图 2-6 佛顶骨舍利

（2）佛顶塔

以扬州大明寺栖灵塔为范例，形制为九级方塔，高88米，总建筑面积约5 065平方米，九级四面，是一座唐代风格的建筑，佛顶塔是佛顶圣境的标志性建筑之一。

（3）佛顶寺

佛顶寺位于牛首胜境东南侧，规划用地面积约61 000平方米，总建筑面积约10 549平方米，为中型寺庙规模。佛顶寺为牛首山主要建筑之一，仿唐风格，传统中轴线格局，共有殿堂七座，外围有僧寮、斋堂等建筑。

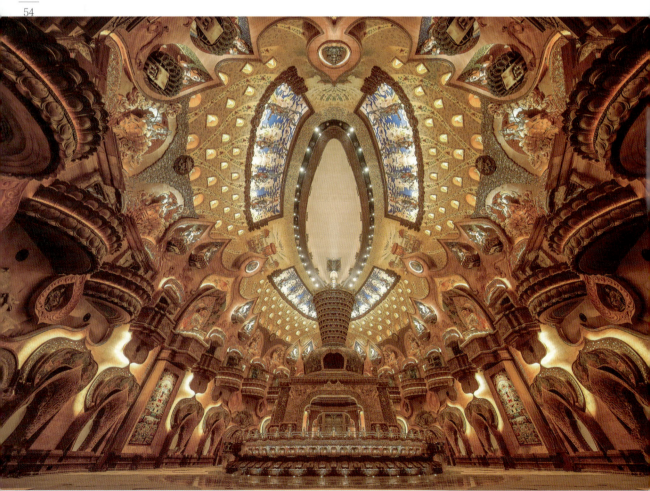

图2-7 佛顶宫地宫

图 2-8 佛顶塔

图 2-9 佛顶寺

（4）禅意别院

禅意别院主要作为佛义交流场所，占地面积 5 500 平方米，总建筑面积 5 000 平方米，主要包含无师山房、文殊精舍、弘觉讲堂、祖融禅院等。

（5）配套酒店

配套酒店在佛顶宫西南侧，为 2 层建筑。酒店主体建筑占地面积 25 000 平方米，总建筑面积 50 000 平方米。

（6）入口功能区

入口功能区包括管理用房和配电房及其他辅助设施等。根据规划要求，需建设景区管理中心 1 座、游客集散中心 2 座及商业配套设施、停车设施各 1 个，建筑面积共计 91 490 平方米。

（7）绿化、市政配套工程

配套建设绿化、市政管网、城市基础设施等，主要包括景区空旷地带增补绿化带，新增景观、绿化面积 56 130 平方米；同时建设城市给排水、污水管网，电力、通信系统，以及消防系统。

图 2-10　禅意别院效果图

图 2-11 配套酒店设计效果图

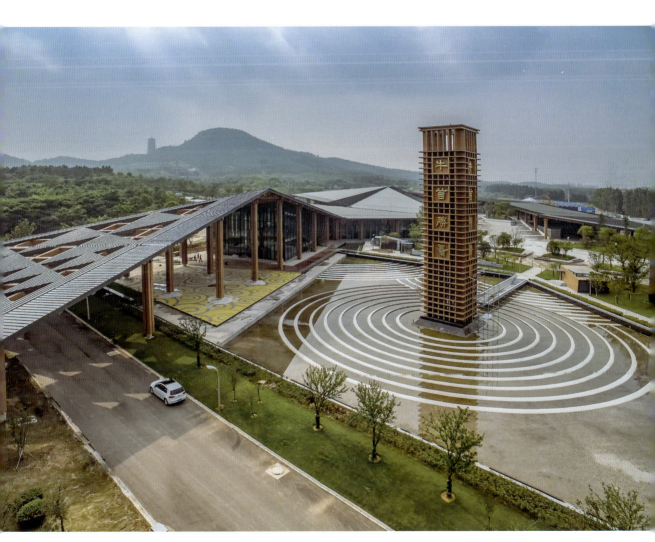

图 2-12 入口功能区设计效果图

图 2-13　景观绿化设计效果图

2.5.5　项目收入挖掘和运营模式策略

投资项目的经济可行性研究，通常是通过一系列的财务评价指标来进行的。项目投资内部收益率、净现值、投资回收期等财务指标是通过项目投资现金流量分析获得的，而分析结果主要取决于项目方案，包括投资规模的估算是否合理、全面。开展项目投资现金流量分析需要建设投资、营业收入、经营成本和流动资金这些基础数据，其中项目营业收入的多少是决定项目财务是否可行的关键数据之一。

首先，牛首山文化旅游项目的市场定位为世界佛教文化中心、世界禅文化中心，其较高的市场定位决定其项目的特殊性。其次，牛首山文化旅游项目的建设单位是为了实施本项目而新设立的公司，在项目初期阶段，对景区运营、营收来源、服务定价等均缺乏一定的经验，也并无总体设想。因此，为实现项目的顺利投融资，合理预测项目营业收入，需要选择类似项目进行调研，合理策划并挖掘项目未来经营内容。

捷宏润安工程顾问有限公司经过多方面比较，选择国内运营成功的相似案例，即无锡灵山景区，与本项目进行对比分析，吸取案例项目在运营内容、运营模式等方面的经验优势，进而策划牛首山景区项目营业收入来源。然后，选择国内相似景区调研其服务价格，在现价和合理预测未来价格增长的前提下，策划本项目各种营业收入的服务价格。

1）牛首山文化旅游项目营业收入来源策划

经过多年的发展，无锡灵山景区具备了旅游观光、佛教文化宣传、餐饮、娱乐、住宿等各项旅游功能，其营业收入来源多种多样，既有门票收入、景区观光车收入、停车服务收入、旅游纪念品收入、餐饮、住宿收入，还有请香费和各种捐赠、善款。灵山胜境内的旅游服务设施几乎全部采用自营的方式，很多旅游商品也直接由景区下设企业生产，灵山文化旅游集团成功地走出了一条"实体经营"的发展之路。

截至2011年，灵山景区累计接待海内外游客4 000多万人次。2009年无锡灵山实业有限公司荣获全国先进集体称号，以及全国"五一劳动奖状"。2011年，景区共接待游客326万人次，实现旅游综合收入6.2亿元，入园人数及综合收入连续3年名列江苏省单一景区前茅。由此可见，无锡灵山景区在商业运作模式上无疑是成功的，这对于南京牛首山文化旅游项目营业收入来源的策划和商业运作模式的设计无疑具有一定的参考与借鉴意义。

借鉴无锡灵山景区营业收入来源及其价格，并结合本项目的特点和南京旅游市场现状，捷宏咨询团队为牛首山文化旅游项目营业收入来源及价格策划如下：

（1）门票收入：景区佛顶宫地宫内供奉有佛教界独一无二的佛门圣物——佛顶骨舍利，其稀缺性和在佛教僧众及信徒心中拥有的至高无上的地位将吸引世界各地的佛教徒前来瞻仰。另外，佛顶塔、佛顶寺等景点的"加持"也提高了景区的可观赏性，旅游观光门票收入将是景区的主要收入来源之一。

（2）停车场服务与观光车服务收入：该项目停车场建有1 482个标准停车位，为有停车服务需求的团体和个人提供停车服务，停车服务收费标准可参考南京市停车收费标准制订。考虑到牛首山海拔242.9米，为方便游客登山，并保持景区整洁、有序的旅游环境，景区内可购置环保型电瓶车票，为游客提供停车场至最高点佛顶宫之间的交通和观光服务，并据此收取合理的费用。

（3）商铺出租收入：该项目建有经营性建筑面积总计4.5万平方米，主要以休闲、娱乐、旅游购物为主。项目建设单位承担景区的总体经营与管理的职责，通过招商的形式租赁给经营者经营，可通过收取房产租金获得投资收益。

（4）酒店服务收入：项目建设5万平方米配套酒店，酒店服务收入主要包括客房收入、餐饮收入和商务会议场地租费等其他收入。

(5)其他增值服务收入：该项目以国宝级文物"佛顶骨舍利"作为载体，致力于打造成"世界禅文化中心"，可积极开拓其他增值服务，如礼佛、演艺、法事、佛学研修等活动，并据此创造良好的效益，以实现可持续经营与发展。另外，景区正式投入运营后，还可能收到海内外社会各界的善款和捐赠。

2）牛首山文化旅游项目服务价格策划

一个贴近市场的服务价格将是决定项目成败的关键因素之一。捷宏咨询团队通过市场调研来把握市场脉搏，依据市场情况设计牛首山旅游景区的主要服务价格。由于无锡灵山景区与本项目最为相似，捷宏咨询团队对无锡灵山景区的服务价格进行调研，分析其价格、价格增长率及游客数量增长率等服务价格预测所需的关键数据。从1997年运营至今，无锡灵山景区门票价格从最初的10元/人次（票面价）上涨到210元/人次（2011年数据），游客人数从最初的50万人次/年上升到326万人次/年（2011年数据），门票价格年均上涨约24.3%，游客人数年均增长14.3%，这充分体现了其对市场价格的精准把握。

借鉴无锡灵山景区营业收入价格信息以及其他著名旅游景区价格信息，并结合本项目的特点和南京旅游市场现状，咨询团队为牛首山文化旅游项目服务价格的分析及策划如下：

(1)门票价格设计

该项目着力打造5A级景区，为世界佛教文化中心、世界禅文化中心。在市场形象上与我国四大佛教名山（山西五台山、浙江普陀山、四川峨眉山、安徽九华山）、陕西法门寺、无锡灵山相似。经市场调研，以上景区的门票价格等情况如表2-6所示。

牛首山文化旅游项目的旅游资源优势明显，旅游空间大，环境容量较大，在同类型的旅游景区中，无锡灵山景区与该项目最为相似。因此，该项目在门票价格的制订上，建议参考无锡灵山风景区的现行市场价格。综合考虑到项目运营初期的市场知名度不高，因此，景区大门票价暂定为200元/人次。

(2)停车费价格设计

经市场调研，南京市商业区标准车位的停车收费为（3~5）元/时，按次计费则为（5~15）元/车次不等。与该项目相似景区的停车服务收费情况如表2-7所示。

表 2-6 相似景区门票价格等情况（2011 年）

景区名称	景区级别	特点	门票价格／（元／人次）	地理位置
山西五台山	AAAAA	国家级风景名胜区 中国佛教第一圣地 寺庙台内 39 座、台外 8 座	168（旺季） 145（淡季）	西北
浙江普陀山	AAAAA	风景旅游胜地 观音菩萨道场 著名的海岛	140（1 月和 12 月淡季） 160（2 月至 11 月旺季） 200（正月初一至初五、五月一日至三日、十月一日至五日）	华东
四川峨眉山	AAAAA	国家级风景名胜区 为普贤菩萨的道场 寺庙约 26 座 1996 年 12 月 6 日列入 《世界自然与文化遗产名录》	150	西南
安徽九华山	AAAAA	国家级风景名胜区 地藏王菩萨道场	190	华东
陕西法门寺	AAAA	"关中塔庙始祖"之称 安置释迦牟尼佛指骨舍利	120	西北
无锡灵山	AAAAA	灵山大佛（高达 88 米、国内最大的青铜佛像）	210	华东

表 2-7 相似景区停车服务收费情况

景区名称	景区级别	停车费用
山西五台山	AAAAA	10 元／次
浙江普陀山	AAAAA	小车：3 元／（辆·时） 中车：4 元／（辆·时） 大车：6 元／（辆·时）
四川峨眉山	AAAAA	白天：10 元／次 晚上：20 元／次 全天：30 元／次
安徽九华山	AAAAA	15 元／次
陕西法门寺	AAAA	10 元／次
无锡灵山	AAAAA	小车：15 元／次 大车：20 元／次

根据调研，相似景区的停车服务收费一般在：小车15元/次、大车20元/次。以此为参考，停车服务收费建议定为：小车15元/次、大车20元/次。

（3）观光车服务收费设计

根据调研，我国大多数景区的观光车服务收费一般为10元/人次，据此建议该项目观光车服务收费为10元/人次。

（4）演艺收费价格的设计

根据设计，该项目投入运营后将在固定场所举办演艺活动，计划每日4场，每场45分钟。演艺内容以佛教故事、佛教祭礼仪式表演的音乐舞蹈为主，以3D形式演出。经市场调研，相似景区的演艺收费情况如表2-8所示。

考虑到该项目旅游资源的独特性，该项目演艺活动建议单独收费。参考浙江普陀山演艺收费标准，考虑到项目运营初期的知名度较低及表演策划的深度可能不及张艺谋团队，因此演艺收费价格暂定50元/人次。

表2-8 相似景区门票价格等情况

景区名称	景区级别	演艺活动	表演内容	收费情况
山西五台山	AAAAA	有	跳布扎、灯光法会、水陆大法会、骡马大会等	不单独收费
浙江普陀山	AAAAA	有	三大观音香会、水陆法会、普佛等	普通席238元/席，1594席；贵宾席298元/席，386席；尊贵席888元/席，30席（文艺表演为张艺谋团队策划，平均票价259.2元/席）
四川峨眉山	AAAAA	有	川剧滚灯、川剧木偶、峨眉武术、川剧变脸、杂技、茶艺等	不单独收费
安徽九华山	AAAAA	有	焰口、水陆法会、斋天、普佛等	不单独收费
陕西法门寺	AAAA	有	诵经祈福、水陆法会等	不单独收费
无锡灵山	AAAAA	有	吉祥颂、梵宫表演、九龙灌浴	不单独收费

3）市场运营模式设计及营销策略策划

（1）市场运营模式设计

借鉴无锡灵山景区的成功运营模式，建议该项目法人单位南京牛首山文化旅游发展有限公司（现为南京牛首山文化旅游集团有限公司）总体承担全面的旅游设施规划、建设与商业管理任务，同时聘请专业的市场策划与推广、招商企业参与商业运作。在景区发展过程中，逐步完善各项旅游服务设施，扩大其知名度，将景区建设成为世界禅文化中心。

在管理模式上，牛首山走专业化管理路线。随着牛首山文化旅游区的发展壮大，南京牛首山文化旅游发展有限公司将走集团化路线，根据景区的专业功能设置，逐步成立文化旅游公司、文化传播公司、景区物业管理公司、佛文化与工艺品有限公司、食品公司等。

在投资与发展模式上，走边投资、边建设、边运营、再投资的可持续发展之路。经过5~7年的时间，建设方完成整个景区的投资建设任务，景区的游、玩、吃、住、学等各项功能实现全面发展。

在市场发展模式上，主动发挥市场宣传的力量，以南京一小时都市圈为核心市场群，近期向上海、杭州、芜湖、合肥、徐州等城市覆盖，目标客群定位为都市白领、年轻家庭、佛文化爱好者、自驾游爱好者等。国际市场方面，主要通过旅行社推介，向日本、韩国、新加坡、印度等佛教信仰浓厚的国家进行多角度的宣传，提高景区的知名度。

在事业发展模式，经过5~7年的努力，景区基本全面建成，各项服务设施齐全。努力实现景区正式运营一年内获得国家5A级景区称号的目标，提升景区的市场知名度和美誉度。同时景区将拥有自己的禅文化宣传基地，拥有自己的禅文化理论期刊，进一步提升景区在世界佛教界的地位。

（2）市场营销策略策划

在市场营销方面，需大力做好市场推广与宣传工作，积极提高项目的市场知名度。建议采取的主要营销策略包括以下几个方面：

注重品牌建设，发掘资源潜力。"千里莺啼绿映红，水村山郭酒旗风。南朝四百八十寺，多少楼台烟雨中"是该项目力求展现的旅游风貌，并且通过一系列旅游景点的打造以及旅游市场推广、经营活动等，创造旅游产品在目标顾客心目中的一种联想与象征，向目标顾客传递一种承诺与保证。同时努力发掘旅游资源的潜力和优势，善于认识和发扬光大南京市禅学旅游资源的特有魅力和价值，不断推出具有较强吸引力的旅游活动。

加大旅游市场的宣传促销力度。坚持"重点长三角、兼顾周边、辐射中西部"的旅游宣传方针，积极参加各种旅游交易会，充分利用现代传媒，组织多种形式的宣传促销活动，发挥区域联合的作用，集中全力打造、宣传好世界级的"禅文化"旅游品牌。

实施网络营销，提升整体服务水平。在网络时代，旅游业从传统的资源竞争、客源竞争转化为知识竞争、技术竞争和信息竞争。谁取得了信息优势，谁就获得了市场上的主动权。旅游行业应顺应这一发展趋势，迎接信息技术对旅游营销所带来的挑战，改变传统的营销手段和操作方式，实现跨越式发展。

重视口碑营销，以较少的投入取得理想的营销效果。口碑传播具有投入少，可信度高，易被潜在旅游者认同，信息量大，影响时间长的特点。在媒体资源太过昂贵，可信度减弱，信息传递收效不足的情况下，重视口碑营销可以达到事半功倍的作用。因此，发展旅游业一定要充分利用口碑营销的手段，在做好景区的建设和服务的基础上，提炼和选择适合各类公众进行口碑传播的各种信息内容，把提炼和选择出来的信息内容通过各种媒介手段使之物质化、有形化，逐步建立口碑传播网络，把物质化、有形化的口碑信息传递给各类公众，以达到口碑营销的目的。

2.5.6 项目投资估算及投资规模确定

1）类似项目投资估算调研

虽然全国旅游项目非常多，但每个项目都有其各自的特点，且项目定位、建设方案、设计水平、施工工艺的不同决定了工程造价的大相径庭。牛首山文化旅游项目的市场定位为世界佛教文化中心、世界禅文化中心。其较高的市场定位及较大的施工难度决定了项目较高的工程造价。

图 2-14 无锡灵山景区的主要景点

为了编制可靠的投资估算，捷宏咨询团队对与本项目类似的项目进行了造价数据调研和分析，为投资估算提供了参考。考虑到无锡灵山景区与本项目的市场形象相似，地理位置相近，因此，捷宏咨询团队选择以无锡灵山景区作为调研对象。

无锡灵山大佛景区位于无锡太湖国家旅游度假区，占地面积约30公顷，2001年被评为国家5A级旅游景区。无锡灵山大佛景区依托江南千年古刹"祥符寺"旧址而建，于1994年开建，历时三年，于1997年11月15日，海内外高僧大德共同为灵山大佛开光，成就了令世人称道的"灵山胜境"。根据调研，景区内主要旅游服务设施如表2-9所示。

表2-9 无锡灵山景区旅游服务设施情况

设施名称	规模	面积/平方米
停车场	2 500个停车位	—
游客中心（兼营购物）	4座	1 200
请香祈愿处	14处	2 100
餐饮区	5处	11 500
购物设施	11处	6 700
住宿设施	1处	8 868
合计	—	30 368

各类旅游服务设施共计30 368平方米，其建筑面积占比如图2-15所示。

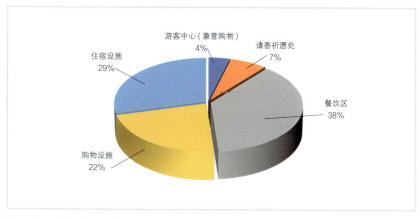

图2-15 无锡灵山景区旅游服务设施建筑面积比例

根据调研，无锡灵山景区一期投资（灵山大佛、祥符寺）21亿元，二期投资（九龙灌浴景点和周边配套景点，如阿育王柱，大照壁等）18亿元，三期投资（灵山梵宫）38亿元。

2）投资估算编制依据

本项目的投资估算编制依据除以上类似项目调研数据信息外，还包括如下主要计量计价定额及规定、增值税率相关规定、贷款利息相关规定，详细信息如下：

（1）《建设项目经济评价方法与参数》（第三版）；

（2）建设部颁布的《全国市政工程投资估算指标》（2002版）；

（3）《江苏省建筑与装饰工程计价表》（2003版）；

（4）《江苏省安装工程计价表》（2003版）；

（5）《江苏省市政工程计价表》（2003版）；

（6）《江苏省仿古建筑与园林工程计价表（2007版）》；

（7）《江苏省抗震加固工程计价表》（2009版）；

（8）《江苏省建设工程费用定额》（2009版）；

（9）《关于全国实施增值税转型改革若干问题的通知》（财政部、国家税务总局财税〔2008〕170号）；

（10）江苏省南京市现行的有关取费文件等；

（11）中国人民银行最新中长期贷款利率；

（12）类似工程项目估算指标。

3）投资估算

项目计划建设工期为4年，计划于2012年9月开工建设，捷宏咨询团队按照相关文件和规定开展投资估算，保证投资估算的可靠性。经过估算，本项目的建设投资估算为555 554万元，其中：建设投资523 907万元，建设期利息26 408万元，流动资金5 239万元。

（1）工程费用

本项目的工程费用包括各主体工程的建筑工程费、设备购置费（包括安装工程费）、辅助工程的建筑工程费和安装工程费。

① 建筑工程费

本项目的主体工程包括佛顶宫（含七宝莲道、商业、餐饮、会议、博物馆、天阙广场、其他）、佛顶寺（含大殿区、禅修区、僧寮区）、佛顶塔、入口功能区土建工程，以及围绕主体工程部分的装饰装修工程、道路、绿化、广场等工程的建设。主体工程建筑工程费按单位建筑工程投资估算法进行估算。

② 设备购置费

本项目的设备购置包括各主体工程须配置的电梯、发电设备、空调设备、消防设备、监控广播设备、厨具和项目营运所必需的各种工器具等。

③ 安装工程费

安装工程费包括各辅助公用工程设施系统的安装工程费，安装工程费的估算是根据项目总建筑面积和参考类似项目估算单价而合理得出的，电气、给排水、消防等公用工程设施的安装工程费包括线路和管道的敷设费用。本项目的安装工程费估算包括主体建筑部分的安装工程和辅助工程的室外给排水、强电系统、弱电信息工程、智能系统工程、空调系统、消防系统、监控与广播系统。

（2）工程建设其他费用

工程建设其他费用包括下列与工程建设直接相关的其他费用，是根据相关规定进行估算。本项目仅配套酒店用地 202 亩需征用土地外，其他用地均为划拨。

（3）预备费

预备费由基本预备费和涨价预备费组成。

（4）建设投资借款与建设期利息估算

本项目一期工程建设期为 4 年，申请银行长期借款 42.44 亿元，建设期第一年贷款 55 000 万元，第二年贷款 150 000 万元，第三年贷款 150 000 万元，第四年贷款 69 400 万元。贷款在建设期内年中投入，银行贷款利率按照最新的中长期（5 年以上）贷款利率 5.7% 估算，建设期借款银行利息合计 26 408 万元。本项目投资估算汇总及分析详见表 2-10。

表 2-10　牛首山文化旅游项目投资估算汇总及分析表

序号	工程和费用名称	建筑面积或数值	合计/万元	占总投资的比例/%
一	工程费用		432 208	78.54
（一）	建安工程费	306 000 平方米	393 014	71.42
（二）	设备工程	306 000 平方米	10 177	1.85
（三）	辅助工程	306 000 平方米	29 017	5.27
二	工程建设其他费用	306 000 平方米	52 891	9.61
三	预备费	1 项	38 808	7.05
四	贷款利息	1 项	26 408	4.80
合计	固定资产投资	1 项	550 315	100.00

4）牛首山文化旅游项目投资构成分析

捷宏咨询团队根据以往项目经验和公司数据库中相关工程造价数据进行整理分析，不仅对各专业工程造价进行详细测算，而且对各专业工程造价占比进行分析。因文化产业类项目特殊，与一般工程对比，除了土建、安装之外，精装饰在总造价中的占比也比较高，可以对未来文化旅游建设项目投资估算起到借鉴作用。以本项目中造价占比最高的佛顶宫为例，估算时进行了大量测算分析，详细估算各单位、各专业工程造价占比如下：

表2-11 佛顶宫各专业工程投资估算占比分析表

序号	工程名称	建筑规模	占工程费的比例/%
1	桩基工程	136 000.00平方米	0.22%
2	支护工程	136 000.00平方米	5.26%
3	大型土方工程	136 000.00平方米	2.63%
4	佛顶宫土建	136 000.00平方米	25.26%
5	市政隧道土建	420.00米	1.96%
6	七宝莲道土建	80.95米	3.00%
7	钢结构	136 000.00平方米	5.26%
8	室内装修装饰	136 000.00平方米	42.63%
9	外立面装饰	136 000.00平方米	3.58%
10	安装部分	136 000.00平方米	10.18%

2.5.7 经济和财务可行性分析

1）项目投资盈利能力

根据《建设项目经济评价方法与参数》（第三版）统计数据，商业性文化娱乐设施财务基准收益率（融资前及税前指标）专家调查结果为12%；项目资本金（税后）基准收益率为13%。通过资料收集调研，同时期文化旅游产业项目的投资收益指标如表2-12：

表 2-12　同时期文化旅游产业投资收益指标

序号	目录	庐山文化旅游项目	红水河旅游项目	备注
1	项目总投资	351 798.00 万元	51 000.00 万元	—
2	年营业收入（正常年）	200 878.00 万元	30 000.00 万元	—
3	年利润总额（正常年）	119 666.30 万元	5 368.40 万元	—
4	投资利润率	34.02%	10.50%	—
5	税后财务内部收益率（全投资）	13.30%	11.90%	—
6	财务净现值	165 512.70（$i=10\%$）	14 253.40（$i=8\%$）	—
7	税后投资回收期（含建设期）	10.60 年	14.60 年	—

本项目投资盈利能力指标见表 2-13。

表 2-13　项目投资盈利能力指标表

序号	指标名称	单位	指标值		备注
			所得税前	所得税后	
1	项目投资财务内部收益率	%	17.66	14.16	
2	项目投资财务净现值	万元	185 218.77	95 218.87	$i_c=10\%$
3	项目投资回收期	年	7.36	8.20	含建设期 2 年
4	项目总投资收益率	%	26.09		

2）项目资本金盈利能力

本项目资本金财务内部收益率为 26.56%，资本金净利润率为 78.23%。项目资本金投入可获得较好的收益水平。资本金盈利能力指标见表 2-14。

表 2-14　资本金盈利能力分析指标

序号	名称	指标/%
1	项目资本金财务内部收益率	26.56
2	项目资本金净利润率	78.23

2.5.8 融资方案策划及协调

牛首山文化旅游项目投资巨大，对资金需求十分强烈。其融资方案重点考虑两方面的需求：一是满足项目建设资金需求，为项目建设提供资金支持；二是综合融资成本较低，降低项目建设成本。捷宏润安工程顾问有限公司具有长期从事工程咨询服务的优势和专业知识，为建设单位提供牛首山文化旅游项目融资方案策划的增值服务。

在对适用于文化旅游建设项目的融资渠道进行全面考察的基础上，考虑到该项目建设的紧迫性，以及资金需求量巨大等因素，综合分析测算各种融资方式的融资成本和资金偿还的可行性，最终决定借力《中共中央关于深化文化体制改革 推动社会主义文化大发展大繁荣若干重大问题的决定》政策支持，选择手续简单、速度快的银行贷款为项目建设解决资金问题。

捷宏润安工程顾问有限公司详细分析项目特点及市场情况，积极与省内各大银行洽谈沟通。经过多方努力，最终中国进出口银行江苏省分行从响应国家号召，支持江苏省旅游文化国际化出发，同意作为牵头行组建 42.44 亿元贷款银团，助力牛首山文化旅游区建设。捷宏润安工程顾问有限公司与中国进出口银行江苏省分行共同组建专门团队，主动上门服务，提供信息咨询，为该项目联系省内金融机构，设计适宜的融资方案。最终，项目融资方案顺利通过中国银行、中国建设银行、中国交通银行、平安银行和江苏银行等金融机构的审核，成功为建设单位获得 42.44 亿元的项目贷款。

3 文化产业建设项目设计阶段投资管理与实践

设计阶段是建设项目由计划变为现实的具有决定意义的阶段。文化产业建设项目设计阶段的投资管理主要是采用先进的科学方法和手段对项目进行限额设计；开展充分的市场调研活动，通过收集类似工程造价数据和资料，编制与审核设计概算；以设计师为主导，围绕设计目标对设计方案进行优化比选，满足建设单位对建设项目经济性的要求。我国政府的投资项目采取概预算管理制度，项目审批部门在审批初步设计的同时审批初步设计概算；经审批的初步设计概算作为控制投资的依据。

3.1 设计阶段投资管理策划

凯莉（Kelly）的研究发现一个项目 80% 的造价在方案设计阶段就已经确定，所以后续的控制只能影响到其余的 20% 投资。伍顿（Wootoon）认为项目总造价中能受现场直接控制的部分只有 6%~20%。所以设计阶段是影响工程成本最重要的阶段，是节约可能性最大的阶段，也是工程造价投资控制的关键阶段。设计阶段投资管理策划应在明确设计阶段投资管理目标的基础上，以设计师为主导，围绕设计目标引进新型技术对设计方案进行优化比选，合理确定文化产业建设项目的设计概算，保证设计的技术先进性和经济合理性；初步确定项目的建设投资规模，为正确实施工程投资计划提供参考依据。文化产业建设项目设计阶段投资管理的流程如图 3-1 所示。

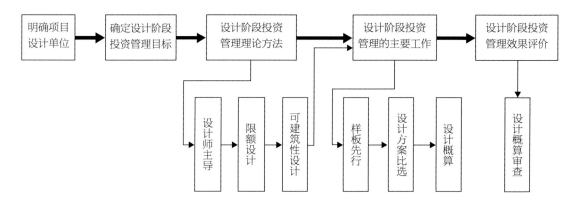

图 3-1　文化产业建设项目设计阶段投资管理流程图

3.1.1　设计阶段投资管理目标

《政府投资条例》（国务院令第 712 号）已明确规定：经投资主管部门或者其他有关部门核定的投资概算是控制政府投资项目总投资的依据。初步设计提出的投资概算超过经批准的可行性研究报告提出的投资估算 10% 的，项目单位应当向投资主管部门或者其他有关部门报告，重新报送可行性研究报告。设计阶段投资管理的目标就是在这一最高限额的标准下完成建设项目的初步设计、技术设计和施工图设计，达到文化产业建设项目的设计标准，编制合理的投资概算并履行投资概算的审批。

（1）达到文化产业建设项目的设计标准及要求

设计标准是工程建设的技术规范，是工程设计、施工及验收的重要依据。正确理解和运用设计标准是做好设计阶段投资管理的前提。文化产业建设项目的设计有别于传统建筑工程，属于有特定用途、特定功能，具有文化属性的建筑设计，因此建筑设计要综合考虑建筑和文化内涵要求。

（2）确定合理的文化产业建设项目投资概算

设计概算是建设项目初步设计文件的重要组成部分。经过有关国家及政府部门批准之后的设计概算是国家实现对建设项目投资控制的主要依据，是实现对建设项目工程投资最高限额以及有效控制预算的主要依据。只有合理可行的设计概算，才能保障建设项目的经济合理性。文化产业建设项目的设计不仅需要考虑标准的建筑设计要求，同时也涉及多种非标准化的建筑构件和装饰工程，无法套用传统定额进行计算，需要根据造价工程师的经验和现场条件来编制补充定额。因此合理、准确地确定文化产业建设项目设计概算的难度大大提升了,是设计阶段投资管理的重点目标之一。

3.1.2 设计阶段投资管理主要工作

设计阶段投资管理的主要工作是按批准的可行性研究报告所确定的项目规模、内容、功能、标准和投资规划等指导和控制设计工作的开展,进行方案比选和优化,编制及审查设计概算和施工图预算,采用各种技术、经济方法管理各个设计阶段所形成的拟建项目的投资费用。设计阶段投资管理的主要工作及管理方法如图 3-2 所示。

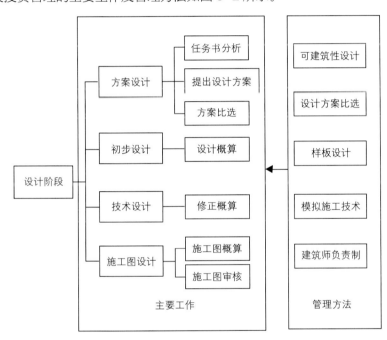

图 3-2 设计阶段投资管理的主要工作及管理方法

文化产业建设项目一般体量较大、工程复杂,其设计阶段可分为方案设计、初步设计、施工图设计三个阶段。对于技术复杂又缺乏设计经验的文化产业建设项目,在初步设计完成之后,可增加技术设计阶段。

每个设计阶段有确定工程项目投资费用的要求。在初步设计阶段,需要编制设计概算;在技术设计阶段,需要编制修正概算;在施工图设计阶段,需要编制施工图预算。设计概算、修正概算、施工图预算均是工程设计文件的重要组成部分,是确定和反映工程项目在各相应设计阶段的建设内容及建设所需费用的文件。各阶段设计文件编制深度的高低对投资费用的影响非常大。

3.2 设计阶段投资控制的难点与挑战

文化产业建设项目设计有别于传统建筑工程，属于有特定用途、特定功能的文化建筑，建筑设计不仅有建筑设计专业的要求，又有文化内涵的要求，设计难度提升了。例如大型现代宗教文化旅游项目中单个建筑体量大，而且有大量高大异形空间结构和复杂、非标准的艺术装饰工程，形式多样，异形构件多。因此文化产业建设项目的设计难度较大，除一般的概念设计或方案设计外，二次深化设计的内容多，专业性强。因此也大大增加了设计阶段投资管理的难度。

3.2.1 艺术效果占首位

文化产业建设项目的核心是创新和创意，近年来，随着人们物质生活水平的提高，旅游业发展迅速，以宗教文化为主题的旅游场所受到越来越多人的欢迎。这种以传统文化为主题的场所建设与旅游文化相结合的方法，成为风景区开发建设的特色。

文化产业建设项目对建筑功能布局和外立面效果要求较高，项目涉及的建筑材料种类繁多，设计与装饰上综合应用现代技术与传统工艺，大量采用石材、木雕、琉璃干挂工艺、敦煌壁画来展现鲜明的文化主题。设计师在设计时重点关注整体大空间的艺术效果能否满足设计理念与预期的空间比例关系，有时为了保证艺术效果，设计过程中原稿需要经历反复的修改完善，周期较长。

3.2.1 可施工性不高

可施工性（Buildability）是指在使最终的建筑能满足所有的既定要求的前提下，设计使得施工更加容易的程度。可建筑性是从设计方面加以考虑的，原则上是易于施工，可以有效降低工程造价。设计与施工的关系取决于设计本身以及设计意图的表达。沈杰认为设计意图的表达要有时间上的超前性，在做出决定之后不会因为考虑不够充分而频繁变动。

项目可施工性要求设计理性化，具体体现在三个方面：简明、模块化、复用施工图等。在早期设计阶段就考虑施工问题会减少建设项目造价。但是目前市场上招标发包还是基于传统的"设计－招标－施工"方式，即 DBB 方式，限制了降低资源消耗和节约造价的可能性。另外，各个专业公司来做专业设计，专业间的协调也是一个基本问题。因此，中国建筑业已经意识到这个问题，加快推动工程总承包和全过程造价咨询，以提高项目可建筑性设计的可能性。

文化产业建设项目由于涉及文化艺术性，很多建筑设计具有独特性。例如一些大型文化产业建设项目具有结构难度大、构件复杂等特点。一些文化产业建设项目在空间装饰上，既要利用传统文化的理念，又要利用现代设计思维迎合现代大众的兴趣喜好，将文化与许多传统元素体现其中（涉及彩绘、书法、木雕、铜雕、景泰蓝、金银器等，融合宗教图腾、宗教艺术、民俗艺术于一体），提高了施工难度。一些文化产业建设项目选址位于山区，施工环境差，施工难度大大增加等等，以上这些问题都可导致可建筑性降低。因此需将有效的施工经验融入设计管控中，避免设计变更和现场返工。文化产业建设项目推荐使用工程总承包和全过程工程咨询，以提高设计可建筑性。

3.2.3　二次深化设计较多

随着建筑行业的发展，在工程的实施过程中，出现了很多新材料、新工艺、新技术，原始的施工图设计深度已无法满足施工要求，必须通过进一步深化施工图设计才能解决问题。深化设计的深度直接影响建设项目功能、效果，影响施工进度、工程成本，同时从侧面反映了施工企业的技术实力。要紧密围绕建筑设计立意、工程性质，对新技术、新材料、新工艺进行深化，当提供的施工图与现场情况发生矛盾时，要及时调整优化。二次深化设计可以提高自然资源的利用率，减少材料浪费，进行标准化施工；完善建筑产品功能，结合新材料、新工艺、新技术使建筑产品艺术得到更充分的体现，突出以人为本的理念。

文化产业建设项目的原设计一般为概念或方案设计，而二次深化设计的内容较多、专业性强。在文化产业建设项目管理过程中，总承包单位需要具备很强的引领深化设计能力，在管理体系中设置单独的二次创作与深化设计部，根据现场条件绘制手绘稿或效果图，进行创作施工；经过泥稿、小样、大样、制作等多道工艺成形确认后，再进行大面积施作。

3.3 设计阶段投资管理方法

3.3.1 设计师主导

在强调文化和艺术价值的文化产业建设项目中，设计师起到了不可替代的主导作用。首先，设计师以文化创作作为设计的核心目标，在设计过程中深入探究该项目所涉及的宗教文化、地域文化、民俗文化以及建筑文化内涵，将现代设计理念与传统文化完美融合来营造震撼的视觉效果。其次，设计师需要根据文化创作内容，通过建筑装饰及景观设计的现代化尝试来改善传统景区游览的单一性，丰富宗教文化主题，增加游览过程中的视觉体验。最后，设计师对室内装饰的具体表现内容、手法进行创作，通常需采用大量现代技术与复杂传统工艺，如砖雕、木雕、石雕、瓯塑、琉璃干挂，敦煌壁画、瓷板画、掐丝刻金等。其中不乏采用新材料、新工艺，但最终目标均为了达到设计预期效果。文化产业建设项目无论设计还是实施阶段均应以设计为主导，围绕实现设计目标而努力。设计管理流程如图3-3如示。

在南京牛首山文化旅游项目中，佛顶宫有地下6层，其中负5层万佛廊采用大量与佛教文化相关的异形拼花、彩绘、木雕等手工艺术。为达到艺术效果，减少返工，需采用样板先行的设计方法，经过设计师确认达到效果后，再展开大面积设计和施工。设计师主导的样板先行的方法有利于文化产业建设项目减少后期变更。一般特殊艺术品构件的单价较高，如果没有前期的样板先行的设计方法，一旦在完工后由于不符合设计师理念而修改方案，将会造成巨大的经济损失和工期延误。

3.3.2 限额设计

限额设计应按照批准的可行性研究报告及投资估算控制初步设计，按照批准或预期的初步设计总概算控制技术设计和施工图设计；同时各专业设计部门在保证达到使用功能的前提下，按分配的投资限额控制设计，严格控制不合理的追加变更，确保总投资额不被突破。

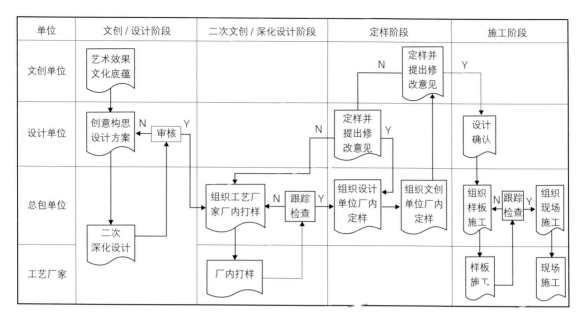

图 3-3 文化产业建设项目特色设计管理流程

设计变更往往成为投资失控的"罪魁祸首"。为了避免施工阶段的设计变更,设计阶段应正确确定各项使用功能。正确的项目使用功能是设计阶段控制投资的关键成功因素。在设计阶段加强与建设单位的交流沟通,深入了解建设单位对使用功能的现实需求和潜在需求,多方案比选,可在满足现实使用功能的前提下适当超前,避免施工阶段的设计变更。同时使用功能要从项目全生命周期综合考虑,如 2008 年北京奥运会的体育场馆建设贯彻绿色奥运理念,建设单位在选择设计方案的决策中,注重节能、环保和可再生资源的充分利用、循环利用,建成了一批绿色建筑,每年减少二氧化碳排放量达到 5.7 万吨;奥林匹克水上公园采用了大型水循环处理系统的设计方案,实现了场馆污水的零排放等。

由于文化产业建设项目设计需要将建筑、文化、艺术、剧场、特殊工艺等诸多方面进行有效整合,要实现文化产业建设项目的限额设计,其完成设计任务应该要重视以下几方面的工作:

(1)充分了解工程设计项目的使用对象、规模、功能要求,选择相应的设计标准规范作为依据;合理确定项目等级和面积分配、功能分区以及材料、设备、装修标准和单位面积造价的控制指标。

（2）根据建设地点的自然、地质、地理、物资供应等条件和使用功能，制订合理的设计方案，明确方案应遵循的标准规范。

（3）施工图设计前应检查是否符合标准规范的规定。

（4）当各层次标准出现矛盾时，应以上级或管理部门的标准为准。在使用功能方面应遵守上限标准（不超标），在安全、卫生等方面应注意下限标准（不降低要求）。

（5）当遇特殊情况难以执行标准规范时，特别是涉及安全、卫生、防火、环保等问题时，应取得当地有关管理部门的批准或认可。

3.3.3 设计方案比选

从以往实践可知，设计图纸文件的施工可行性及设计人员是否充分了解新工艺、新设备、新材料的性能，特别是新设备新材料参数，都直接影响到项目的可建筑性。因此选择合适的设计方案对投资控制起着至关重要的作用。

根据统计分析，设计费用一般只占建设工程全过程投资的1%以下；但是这小于1%的投资对工程造价的影响程度却占75%以上。因此应该优化设计方案，在总体方案设计中控制投资。设计方案比选需要对项目建设的必要性、财务可行性、经济合理性、投资风险等进行全面的评价。文化产业类项目设计优化的方法通常有以下几种：

1）基于可建筑性的设计优化

在初步设计阶段，有经验的承包商应随着设计师的思路贡献自己的力量，考虑在施工过程中如何将设计意图转化为实体建筑，并提出可行的建议。这样做一方面为后期施工图设计做准备；另一方面可以相互启发，循序渐进地考虑建设项目的可建筑性来优化设计方案，减少后期的设计变更。同时可以把一些新的材料、施工工艺传递给设计师，分析现有技术和新技术，以发现更节约资源或者更适于施工的技术，使设计图纸在实施中更具时效性。

2）基于3D的设计方案优化

设计阶段可以采用3D打印技术进行设计优化。文化产业建设项目在构件的选择上通常会选用具有艺术性的异形构件。3D打印技术在制作异形、复杂、个性化构件时具有很大的优势，可以通过制作同等比例的构件来模拟展示效果；如果不满足设计师的艺术要求，可以对构件进行优化。3D打印技术所具备的优势，将大大减少优化所需的成本，能够达到控制投资的效果。

3）基于样板的设计方案优化

在文化产业建设项目中，装饰工程需要应用大量特殊工艺和艺术品，为保证大空间的艺术效果满足设计想象与预期的空间比例关系（如艺术品与空间完成面的交接关系、比例关系，与预置灯光的点位关系，预装前与空间点位预埋件的关系等），对室内、外艺术装饰、幕墙均以1∶1制样，确保空间比例与构件细节达到完美，控制空间效果及确定装饰标准。对于不符合要求的装修方案进行优化，再以此为标准进行大面积施工，保证装修质量。

在文化产业类建设项目中，对于因条件限制无法规划设计的石雕、佛像等，则根据现场条件绘制手绘稿或效果图(确定表现图案及排版)，由深化单位进行创作施工，经过泥稿(直观反应、图案比例、雕刻工艺、细部处理)、小样、大样、制作等多道工艺成型确认后，再进行大面积施作。

4）基于充分市场调研的设计方案优化

大型文化产业建设项目由于使用材料的特殊性，市场供应厂家比较少，价格比较高。为了避免厂家垄断，建设单位、设计单位、审计单位、施工单位应对市场进行足够的调研和了解，依据调研结果进行设计优化，控制工程造价。

文化产业建设项目的设计方案比选除了要满足上述原则之外，还应考虑项目选址、建设环境和施工，提高可建筑性设计。此外，文化产业建设项目一般具有投资额巨大、设计方案特殊、决策困难的特点，一旦决策选择失误，可能会造成较大的社会经济影响。例如南京市牛首山的佛顶宫在进行方案设计时设计了很多种不同的方案。经过设计师和建设单位对方案进行评价和比选，最终选用符合设计师理念和技术经济要求的设计方案。

3.3.4　样板先行

文化产业建设项目设计阶段的投资控制是事前控制，是投资控制的重点。设计阶段的投资控制应该从全过程、全要素的角度进行投资控制。文化产业建设项目大多数经历边设计、边深化、边施工、边修改的过程，过程变更量大、返工较大；为了减少返工，减少浪费，保证其在室内艺术装饰空间的实现，建造精品工程，需要对项目重难点进行分析，关键技术采用工法分析论证并采用样板先行的方式。

1）实体样板引路

所谓"实体样板引路"，一般意义上是指在某一分项工程或工种大面积施工前，先施工"示范样板段"，以明确该工程的设计效果、施工工艺流程、质量验收标准、安全注意事项等，作为大面积施工的控制标准。执行实体样板引路制度，对做好文化产业建设项目设计效果控制有着十分重要的作用。通过实体样板引路，能改进设计单位的设计方案，强化专业单位的二次深化能力，将抽象的设计方案转化为形象具体的工程实体，从而有效地保证文创效果和工程质量。

（1）实体样板引路的适用范围

每一个工程都有其自身的特点，实体样板引路是有其适用范围的，正确运用实体样板引路，才能达到事半功倍的效果。

① 创精品工程宜全面采用实体样板引路。如果工程质量目标要求极高，如"确保省优，争创国优"等，则宜在所有具备条件的分项或工种大面积施工前全面采用实体样板引路。首先，精品工程要经得起严格检查与质量评定，其观感质量及各项实测实量数据要求均非常高，施工过程中必须通过做样板，以创优标准来要求才能发现问题并及时沟通研究解决办法，从而确保后续大面积施工过程质量达到精品工程质量标准。施工单位采用在设计阶段通过做样板，确定工程大量细部节点的创优做法，才容易在后续大面积施工中一次成优，避免后续的大量返修工作。

② "三新"施工应采用实体样板引路。如果工程中有"新技术、新材料、新工艺"的应用，则针对"三新"施工应采用实体样板引路。尽管随着建筑科学技术的进步，"三新"技术运用越来越多，但是由于地区差异及施工单位技术能力不同，"三新"施工毕竟在实施过程中容易产生质量不稳定，导致质量缺陷甚至质量事故。同时，针对部分"三新"施工的国家标准或行业标准还有所缺失，因此，针对"三新"施工，实体样板引路就显得十分的必要。通过实体样板引路使项目的最终观感效果达到设计师预想的效果。

③ 重大关键技术施工应采用实体样板引路。如果工程中存在一些重大关键技术，是否能顺利解决对整个工程的质量、安全、进度、造价具有重大意义，且如果涉及该技术的施工内容具备做样板的条件，则应采用实体样板引路。

④ 多工种协调穿插施工区域应采用实体样板引路。在工程建设过程中，总是存在一些各工种协调穿插非常多的施工区域，这些区域的施工应采用实体样板引路。因为往往这些区域空间有限，多工种交叉施工，

极容易因协调问题造成相互挤占空间、前道工序成品破坏、返工拆改、检修空间不足等问题。

⑤ 高档精装饰工程的重点部位应采用实体样板引路。目前，工程精装饰的要求越来越高，精装饰工程的好坏关系到整个工程的品位与形象，因此，对于精装饰工程的重点部位必须采用实体样板引路。精装饰工程有其艺术性要求，实体样板引路有助于装饰风格及设计的最终明确，避免无谓的返工，同时有助于检验装饰与土建、机电安装之间的配合，保证后续大面积装饰施工能有条不紊地展开。

（2）实体样板的应用

为保证艺术装修效果，艺术构件往往都需要进行手稿创作（表现图案及排版），经过泥稿（直观反应、图案比例、雕刻工艺、细部处理）或小样、大样（采用1：1的制样来控制空间效果及确定室内装饰标准）制作等多道工艺才能成形。因此，涉及的适用实体样板先行的具体内容一旦确定，需要进行先期创作，将可能用的材质、成型的构件重量、大小、具体位置，提交给建筑设计单位进行合规性检查，提交结构设计进行荷载复核后提交给专业单位进行路线安装、方案设计，以确保空间比例与构件细节达到完美，控制空间效果及确定装饰标准。然后再根据样板及样品情况，保障实际空间关系与大面积实施的设计效果和工程质量，避免后期不必要的调整、返工、拆解等。

2）模拟施工技术

针对传统施工工艺样板施工费时费力等问题，为保证建筑效果，在特殊部位工程施工前，运用 BIM 技术和 3D 打印技术创建虚拟现实工艺的方式实现实体样板引路，基于 BIM 技术和 3D 打印技术的虚拟现实施工工艺样板不受场地限制，且灵活性、经济性较高等优势，弥补实体样板的缺陷。

（1）BIM 模拟施工

BIM 的特点之一就是模拟性，体现在可以对设计模型进行三维数字建模，还体现在可以模拟一些无法在真实世界中操作的性能，如绿色性能模拟、建筑消防疏散模拟、日照模拟、热传导模拟等。涉及的所有专业（如建筑、结构、暖通设备等）在 BIM 的整合下可以在同一个项目模型文件里进行工作，这可以方便地实现专业内部的图纸冲突检测以及专业之间的空间冲突检测，及时地解决设计里的空间冲突的矛盾，也能够确保信息在不同专业之间的有效传递，进而优化设计方案。

文化产业建设项目往往体量大，专业工程多，工作面协调难度大，且不规则的建筑设计导致管线施工复杂,可以利用BIM技术来实现设计和建造过程的协同,在统一的信息平台上建造各方有效协同的工作,提高投资管理的质量和效率。

(2)3D打印技术

3D打印是一种以数字模型为基础,运用粉末状金属或非金属材料,通过逐层打印的方式来构造物体空间形态的快速成型技术。由于其在制造工艺方面的创新,被认为是"第三次工业革命的重要生产工具"。3D打印技术正在被应用于越来越多的领域,比如航空航天、工业设计、医疗、艺术设计、建筑模型和教育等领域。近几年来3D打印技术在打印建筑的应用中也得到了突破,新型的、智能化的建筑3D打印技术在行业内的关注度也得到不断提高。由于其在打印建筑的自由度、个性化创造、原材料利用率等多个方面的优势,在未来具有很大的发展应用前景。

文化产业建设项目为了体现其文化性,通常会采用大量传统工艺,如砖雕、木雕、石雕、陶瓷等。但是传统工艺制作过程繁复,制作效率低,工艺的制作难度也相对较大。可借助3D打印技术,缩短成型时间,减少浪费,提高易操作性;相同的造型还可进行反复打印,有利于小批量化的生产,可以大幅减少构件生产的成本,有助于控制投资。

3.4 设计概算的合理确定

3.4.1 设计投资概算的组成

2019年发布的《政府投资条例》(国务院令第712号)对概算编制和审核都提出了严格要求,如:初步设计及其提出的投资概算是否符合可行性研究报告批复以及国家有关标准和规范的要求;初步设计提出的投资概算超过经批准的可行性研究报告提出的投资估算10%的;政府投资项目建设投资原则上不得超过经核定的投资概算。政府投资项目设计概算作为投资控制的上限,全过程咨询服务过程设计概算编制和审核是项目投资管理的重点工作之一。

设计概算可分为单位建筑工程概算、单项工程综合概算和建设项目总概算三级。

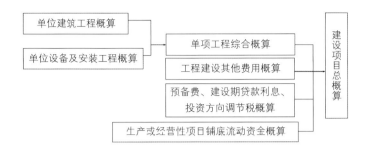

图 3-4 设计概算的三级概算关系图

3.4.2 设计概算的编审依据

根据《建设项目设计概算编审规程》（CECA/GC 2-2015），设计概算的编制依据主要包括如下几个部分：

（1）国家有关建设和造价管理的法律、法规和方针政策，国家综合部门的文件，包括设计概算编制办法、设计概算的管理办法和设计标准等有关规定。

（2）国务院主管部门和各省、市、自治区根据国家规定或授权制定的各种规定及办法等。在收集这些资料时，一要注意文件的实用性，二要注意其使用的时间性。随着时间的变化，各种规定和要求也在不断地变化。

（3）建设项目的设计文件，包括批准的可行性研究报告以及其他有关文件等，满足编制设计概算的各专业设计图纸、文字说明和主要设备表。

（4）与建设项目相适应的概算定额、概算指标等以及建设项目所在地政府发布的有关取费文件规定。建筑工程按项目所在地区的概算定额或概算指标，设备安装工程按全国统一的安装工程定额，其他专业工程按各专业部委内部定额。定额与指标是确定概算费用额度的标准，必须以建设项目主管部门规定的概算定额和概算指标为标准。

（5）投资估算文件。投资估算是设计概算的最高额度标准。一般要求设计概算不得突破投资估算。按有关规定要求，如果设计概算超过投资估算的 10% 以上，则要进行概算修正，并分析原因，加强控制。

（6）项目计划实施期的税率、汇率等，现行的有关设备原价及运杂费率。

（7）建设场地的自然条件和施工条件。

（8）类似工程的概预算及技术经济指标。

（9）建设单位提供的有关工程造价的其他资料。

3.4.3 设计概算的编制方法

设计概算的编制方法因概算投资组成的不同而不同。建筑工程费概算主要是应用概算定额、概算指标、类似工程编制。设备费购置费概算计算设备原价及交货地点至工地仓库的运杂费，而运杂费以设备原价为基础，采用一定的费率进行计算，安装工程费概算方法包括预算单价法、扩大单价法、设备价值百分比法、综合吨位指标法、综合造价比例法等。

设计概算编制时，根据设计文件深度不同选择不同方法，编制方法也不同，通常按以下原则：

（1）按实计算原则：主要指已出具初步设计图纸的，应按照图纸准确计量计价，如建设安装工程费、工艺设备费等。

（2）按实计入原则：对于已发生的合同，应按照实际签订合同金额，并考虑一定的变更洽商金额计入概算，如已发生的土地费、勘察设计费、测绘费、建设期利息（补贴利息）等。

（3）按规定及结合市场行情测算原则：对于未发生的二类费，应优先采用历史项目数据计入，无历史项目数据可参照政府发布的相关收费标准并结合市场水平估算计入；对于政府收费应按最新政府收费标准计入。

（4）按类似项目指标估算计入原则：对于未出图的工程，可参照类似项目建造指标计入，如外立面、精装等专业工程。

由于文化产业建设项目的设计难度较大，设计深度不够，初步设计阶段通常无法正确计量，对于有类似工程采用的技术比较成熟而又有类似概算指标可以利用的，可采用概算指标来编制概算。概算指标比概算定额更为扩大、综合，按此编制的设计概算比按概算定额编制的设计概算更加简化，但精确度显然要低一些，是一种对工程造价估算的方法。而对于一些没有类似工程或指标可以利用的特殊装饰或者艺术构件，可在施工过程中采用市场询价的方法。例如在南京市牛首山文化旅游项目中，殿内彩绘都是美术老师或学生手工绘制的，无法采用常规的定额或类似工程指标去确定价格，因此可以根据市场调研以及询价和磋商确定手工绘制的价格。

3.4.4 设计概算审查方法和要点

设计概算是初步设计文件的重要组成部分，是工程建设投资控制的主要依据。由于初步设计概算的编制采用的是概算指标法，编制的精确度较低，因此设计概算的审查尤为重要，是设计阶段投资管理效果评价的一个必不可少的环节。审查设计概算有助于合理确定和有效控制工程投资额。设计概算偏高或偏低，不仅影响工程造价的控制，也会影响投资计划的真实性，影响投资资金的合理分配。审查设计概算有利于提高概算的编制质量，保证概算编制单位严格执行国家有关概算编制的规定和标准。

设计概算审查的方法主要包括对比分析法、查询核实法、分类整理法、联合会审法。在审查设计概算过程中，应将设计概算控制在可行性研究投资估算批复之内、编制内容齐全、施工措施费合理、工程量准确性等作为审查要点。以下几方面应作重点审查：

（1）审查建设规模、标准等是否符合原批准的可行性研究报告或立项批文的标准；

（2）检查概算文件、概算的项目与初步设计方案的一致性；

（3）审查总概算文件的组成内容是否完整地包括了工程项目从筹建到竣工投产为止的全部费用；

（4）检查初步设计概算费用构成的完整性编制深度；

（5）检查概算计算的准确性，各项综合指标和单项指标不同类工程技术经济指标对比是否合理，有无重复及漏计。

3.4.5 文化产业类项目设计概算的特殊性

设计概算作为投资控制的上限，合理确定设计概算值至关重要。对于文化产业建设项目，由于其建设产品的特殊性，在其设计概算中还需要关注以下几点：

（1）由于文化产业类项目的设计难度大，设计文件深度不够，需要大量二次深化设计，这就给设计概算编制带来很大难度，需要编制人员借鉴类似项目经验并对文化产业类项目施工工艺有所了解。

（2）文化产业类项目，艺术效果要求高，通常实施过程中需制作大量样板或模拟施工先行，这类项目须在概算时就考虑。

（3）文化产业类项目常常在特定环境下建设，可建筑性不高，特殊环境对工程造价的影响很大，因此环境影响的费用必须考虑全面，如牛首山文化旅游项目佛顶宫建设在矿坑之上，矿坑、边坡处理等费用必须考虑在设计概算中。

（4）文化产业类项目经常会采用大量新技术、新材料、新工艺。此类价格需要对市场进行充分调研，以确保采用的价格合理可行。

3.5　牛首山文化旅游项目设计阶段投资管理实践与启示

牛首山文化旅游项目是一个集文化、旅游、宗教、建筑等元素于一体的典型的文化产业建设项目。设计阶段投资管理的目标包括：（1）使建筑设计科学合理、实用美观，投资合理，达到相应的设计标准；（2）投资概算的合理确定。

3.5.1　牛首山文化旅游项目设计单位的选择

牛首山文化旅游项目的建设环境为山体环境，建筑功能复杂多样，使用要求高。牛首山文化旅游项目的整体设计方案可以归结为"补天阙，藏地宫，现双塔，兴佛寺"。如何把设计方案变成现实，需要设计师去实现。建设项目的首要任务是寻找专业性强、有类似项目经验的设计团队，经过多方调研，方案和二次策划设计均选择有着丰富文化产业设计经验的"上海禾易建筑设计有限公司"。

作为方案设计的禾易建筑设计有限公司，汇集了一批极富理想和创意的优秀设计师，他们的设计融合了东西方的文化和理念，有着强大的技术资源，丰富的设计经验。在承接牛首山文化旅游项目之前，他们已成功完成了无锡灵山梵宫、灵山精舍、五印坛城、无锡灵山小镇·拈花湾等一批在国内较为有影响力的综合性室内设计项目及前期综合策划。

禾易建筑设计有限公司在做牛首山设计前，无锡的灵山大佛已经惊艳了全中国，参与牛首山项目设计的艺术家们很大部分都是参与过无锡灵山大佛创作的。所以他们在做佛顶宫设计的时候一直寻求着一种突破，不断超越自我，不断去迎接新的挑战。按他们的话来说，梵宫因为资金有限，他们是把所有的艺术家的艺术用构建的方式去弥散在整个空间中，但是牛首山却将所有的艺术家请到了前台。佛顶宫内部包含了一大批精美绝伦的顶级艺术珍品，这些艺术珍品由全国 100 多位工艺美术大师、专家、学者、非遗传承人携手创作，每一件都是为佛顶宫量身打造的。

佛顶宫项目作为核心工程，建设难度国内外罕见，先后获"鲁班奖""詹天佑奖"等多项知名奖项。在艺术价值上，整个佛顶宫使用了数十种创作手法，有石雕、木雕、铸铜、脱胎木漆、玉雕、瓷雕、木刻等等，同时汇聚了全国各地佛教界、艺术界、建筑界的专家团队来进行打造。如此多繁杂的工艺手法和众多艺术家的碰撞，形成了一个震撼的佛教艺术空间。

自牛首山文化旅游区运营以来，已接待海内外游客数百万人次，其核心建筑佛顶宫更是获得各方盛赞。南京旅游界一名专家赞叹说："佛顶宫将建筑、文化、科技、艺术、佛教完美融合，堪称世界佛教文化新遗产、当代建筑艺术新景观，更是一处教科书般的佛教文化艺术殿堂。"

3.5.2　牛首山小穹顶艺术佛手造型设计方案优化和造价确定

佛顶宫作为牛首山文化旅游区的核心建筑，位于牛首山东西两峰之间由挖矿所形成的矿坑中，佛顶宫小穹顶艺术佛手造价方案无疑是体现艺术效果的关键点。牛首山小穹顶艺术佛手造型经各方多轮讨论后，由设计单位提出了三种方案，如图 3-5 所示。施工单位根据设计单位的理念创作小样由设计单位确认，经过 16 次的会议筛选，最终于 2013 年 6 月 23 日的工程会议上决定采用万人礼佛的艺术造型，如图 3-5(a)。

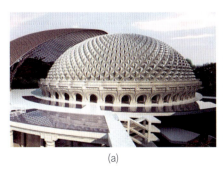
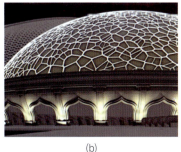
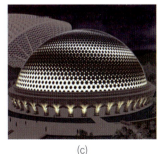

(a)　　　　　　　　　　　(b)　　　　　　　　　　　(c)

图 3-5　佛手的三种方案

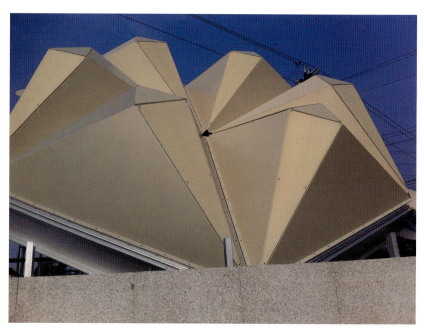

图 3-6　小穹顶艺术佛手造型

牛首山小穹顶艺术佛手造型被视为佛祖发髻,由 5 400 多个尺寸各异的铝板与玻璃组成的异形七面体构成了佛顶宫装饰铝板外表皮,每个单元以虔诚合十的佛手为寓意。椭圆形的外观与璀璨的光泽如同宝珠,就像一颗光彩夺目的珍珠,高度契合设计意象,如图 3-6 所示。

1) 小穹顶艺术佛手设计方案优化过程

牛首山小穹顶艺术佛手方案确定后,如何实施才能达到艺术效果,需对每个细节进行细化,包括材质、色彩、一体化等均进行多轮方案优化。

(1) 材质调整

小穹顶佛手造型初步设计方案为由云母黄铝板和香黄色铝板构成的七面体标准单元,但是在方案优化的过程中,根据艾特照明设计有限公司提供的数据,小穹顶采光面积在 450 平方米左右,但考虑到综合的遮光因素,将总开窗面积增加了 20%,达到 540 平方米左右(包括杆件的遮挡);同时设计方考虑到小穹顶西侧风厅二楼开窗的同时,保证三楼商业外廊也同样能够开窗采光,游客在购买商品的同时能够欣赏到外部宜人的风景,为此对原设计方案进行了优化调整,将佛手中间部位的原香黄色铝板改为了香黄色高反射玻璃,采用玻璃不仅可以减少西侧风厅开窗的突兀感,还可为佛顶宫其他功能提供采光条件。夜晚灯光透过玻璃所发出的光线更可以勾勒出千万信徒朝拜的景象。(见图 3-7 ~ 图 3-10)

图 3-7　佛手造型定样图

图 3-8　夜晚色彩透光图

图 3-9　铝板色彩定样图

图 3-10　玻璃材质定样图

（2）色彩调整

小穹顶佛手造型的4种铝板面经过11次小样和实验最终确定为珠光氟碳喷涂，为了保证佛光普照、万人朝宗的视觉效果，设计方在此基础上仍做了些许调整，包括：珠光颗粒还需增大、不能出现眩光和颜色适当加深等。小穹顶艺术佛手造型三块玻璃的色彩及选材研究经过7次小样和实验才确定为透光率好的双层夹胶玻璃（外层超白玻璃，内层金色玻璃）。

（3）一体化系统

设计单位根据异形七面体的形状规则建模出来每个七面体尺寸各不相同、单元底部体型为三角形，与铝合金屋盖三角形网格划分保持一致，巧妙实现了装饰铝板与主结构一体化。其一体化体系保持了建筑与结构的一致性，保证了建筑造型的精致表达。

一体化系统简化了构造层次，减少了施工环节，降低了材料用量，提高了施工速度。同时铝合金结构全装配式施工，模块化、工业化的建筑标准，最大程度减小制作及安装偏差，形成了优越的防渗漏体系。

2）小穹顶艺术佛手造价的合理确定

方案确定后需对造价进行合理确定，按最终确定方案进行价格详细测算，具体做法为：下层屋面结构采用型号3003H16厚度1.3毫米防水铝板及10毫米low－e＋12 A＋8毫米＋1.52 p＋8毫米防水玻璃，佛手艺术造型采用型号3003H16厚度2.5毫米铝板及5毫米＋1.14 p＋5毫米超白双钢化玻璃。

（1）造价影响因素分析

捷宏咨询团队对影响价格确定因素进行分析和比较，具体如下：

① 特殊材质的要求及厂家供货能力。普通铝板规格1 220毫米×2 440毫米，本工程使用三角铝板80%的边长已超过此规格，因此施工单位定制2.5米×7.5米规格铝板进行裁剪、折边和加工。同时，由于本工程工期较紧，一般实力较弱的单位无法满足供货需求，而且生产制作厂家较少，从而导致市场的垄断。经市场考察，此规格铝板比正常规格铝板单价高7 000元/吨。

② 材料损耗。小穹顶总共有5 424个佛手造型，每个佛手使用的三角形铝板的大小、角度均不相同（见图3－11），施工单位需对定制的2.5米×7.5米规格铝板进行裁剪、折边和加工，而且工程特殊性要求不允许拼接，这就造成大量铝板浪费的现象。经过对施工单位提供的排版图重新规划，估算大约有30%的铝板不能再次利用。

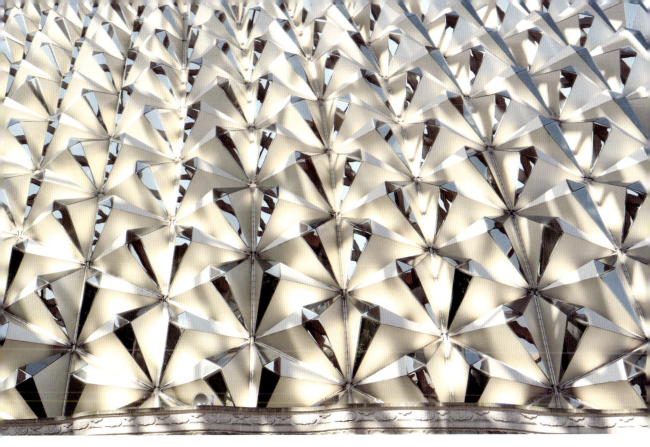

图 3-11 佛手安装完成图

③ 材料后期加工。由于佛手三角铝板的大小、形状、折边角度均不相同，使得铝板加工机械输入的折边、切割的参数均不同，机械使用率较低。

④ 现场施工难度（措施费用、风险费用）

a. 本工程工期比较紧，施工总包单位无法交出全部的工作面，存在交叉施工；

b. 本工程使用的防水透光玻璃属于超大三角玻璃，每块玻璃质量约300千克，保护性吊装难度大；

c. 佛手透光玻璃开孔：玻璃属于易碎产品，施工单位在玻璃上面开孔容易使玻璃产生裂痕；

d. 成品佛手安装难度大：佛手底部铝合金骨架呈现球体状态，现场安装工人无法像自然状态下施工人员站立，安装佛手时劳动效率比较低。

（2）计价争议问题分析

① 捷宏咨询团队的意见

a. 根据合同约定：新增单价执行《江苏省建筑与装饰计价表》（2004版）计价表，人工、材料执行当时指导价和信息价；艺术佛手铝板安装属于外墙装饰，应执行铝板幕墙定额，其中主材辅材和机械应按实际使用量调整；经咨询市造价站，艺术佛手安装也是幕墙装饰，应借鉴铝板幕墙子目执行，相关含量应做相应调整。

b. 本次审核人工参照苏建函价〔2014〕102号文，1.3毫米厚防水铝板及10毫米low-e+12A+8毫米+1.52p+8毫米中空钢化夹胶防水玻璃制作安装工日单价按土建单价执行，即85元/工日；2.5厚烤漆铝板及5毫米+1.14p+5毫米超白双钢化玻璃安装执行装饰人工单价，即108元/工日。

c. 根据施工单位提供的排版图，跟踪审计单位随机抽样进行重新排版，套用材料的损耗率的计算公式得出铝板的损耗率约为30%，若用软件进行排版，损耗率应小于30%。

d. 经市场调查，铝板单价每天的市场价不一，但总体上下浮动不大；普通铝板单价约19500元/吨（包含材料费、运费、税金），由于本工程使用的铝板规格特殊，存在加工定做费用，经咨询，2.5米×7.5米铝板约26500元/吨（含材料费、定做费、运费、税金）。

e. 经市场询价，铝板激光切割约（7~10）元/米，铝板折边约2元/米，具体费用因工程而异。

f. 措施费应参照施工总包合同（应固定费率、浮动费率计取：临时设施费、企业检验试验费、赶工措施费、夜间施工费），因本工程比较特殊，所以应考虑特殊条件施工增加费。

② 施工单位的意见

a. 艺术佛手安装是一种新型幕墙的安装，是独一无二的，而普通铝板幕墙定额安装反映的是社会平均水平，是否适用于高难度艺术佛手的安装有待商讨。

b. 现场安装、吊装难度大，并存在一定的安全风险，定额人工安装单价应给予相应的调整。

c. 本工程使用5424个造型佛手，约22000块铝板，施工单位对铝板进行排版时，预测损耗率约60%。

d. 施工单位上报铝板单价约30000元/吨。

e. 每块铝板的大小、角度不一，机械切割、折边、开孔比较困难，加工完一块铝板后，机械设置的参数必须重新调整，存在大量的人工和机械浪费现象。

f. 由于本工程独一无二，无类似安装经验，措施性方案无法预估，施工单位的措施费自己无法给出相应的明细（送审价预估1370万元）。

3) 计价争议问题的解决办法

经召开造价专题协调例会，建设单位相关部门、捷宏咨询团队、监理单位、施工单位共同商讨佛手造价争议问题，处理结果如下：

（1）人工单价的计取参照苏建函价〔2014〕102号文，由于该项目的独特性，与普通住宅楼、办公楼的铝板幕墙不同，施工单位认为定额不适于本项目，参建各方经过现场实测人员工耗、核查施工方案等方法。经协商，综合考虑现场安装的条件及工作面等风险因素的影响，仍按定额子目执行，再考虑调整增加相应的难度系数60%，即定额人工费乘以1.6系数。

（2）关于1.3毫米厚防水铝板、2.5毫米厚烤漆铝、10毫米low-e+12A+8毫米+1.52p+8毫米中空钢化夹胶玻璃、5毫米+1.14p+5毫米超白双钢化玻璃主材损耗双方都经过合理的下料排版，施工单位认为主材损耗率达到59%，经跟捷宏咨询团队现场排版测算损耗率为39%；综合考虑佛手项目特殊性及材料现场管理的难度，双方协商铝板损耗率定为45%，玻璃为成品采购，其损耗含在主材单价中。

（3）双方对主材单价存在较大差异，施工单位对捷宏咨询团队的电话市场询价有异议，施工单位认为材料供应商没有看见材料小样，且不知道材料的规格特殊性，无法给出与实际相符的单价。经双方协商，1.3毫米厚防水铝板、2.5毫米厚烤漆铝板、10毫米low-e+12A+8毫米+1.52p+8毫米中空钢化夹胶玻璃、5毫米+1.14p+5毫米超白双钢化玻璃四种主材单价签订合同时按暂估价处理，暂估价明细为：1.3毫米厚防水铝板暂估价为109元/平方米，2.5毫米厚烤漆铝板暂估价为309元/平方米，10毫米low-e+12A+8毫米+1.52p+8毫米中空钢化夹胶玻璃暂估价为715元/平方米，5毫米+1.14p+5毫米超白双钢化玻璃暂估价为435元/平方米。结算时以施工单位提供的采购合同和增值税发票为依据调整合同价，且只能调整铝型材及玻璃的主材单价，加工费及烤漆费等（如裁边、折边等）已含在合同价中，结算时不予调整。

（4）经协商，综合佛手的造型等因素，考虑部分后场加工费用，1.3毫米厚防水铝板后场加工费为55元/平方米；2.5毫米厚烤漆铝板后场加工费为88元/平方米，此单价已综合考虑了所有后场加工的工序费用，结算时不予调整。

（5）施工单位报审价中措施费占分部分项费用的17.3%，捷宏咨询团队参考中建八局总包合同中明确的措施费计取，措施费占分部分项费用的7.55%。考虑工程的难度较大、工期紧、安全风险较大等特点，超出常规施工措施的按实际发生测算。

3.5.3　牛首山文化旅游项目设计阶段实体样板引路和模拟施工

牛首山文化旅游项目作为现代佛教建筑，由于意境、文化、功能等各方面的需求，采用丰富的造型、多样的材料、灵动的曲线，其内部装饰装修对意境的表达及佛教文化氛围的营造至关重要，装饰装修所涉及的彩绘、铜雕、木雕等工艺不仅体现出了佛教建筑文化内涵，同时具有保护传承性。由于文创作品工艺复杂、技术难度大，所以在确定设计方案并施工的过程中，为了避免材料的返工浪费，并保证艺术视觉效果，通过对比类似项目并吸取经验，且根据不同的艺术表现形式（石材拼花、铜像制作、石材雕刻等）采取了不同的样板定样方式，如表3-1所示。

1）实体样板引路

由于牛首山文化旅游项目复杂性、体量大、造价高等特征，该装饰工程部分实行实体样板引路的管理模式。为了避免因设计考虑不足、文化背景不符合、材料不符合设计理念、供需衔接、施工质量缺陷等原因造成大面积的拆除，牛首山文化旅游项目在全面开展施工前，在充分保证艺术效果的前提下较普通项目需要做大量的实体样板段，包括室内装饰样板与佛像泥模样板。（见图3-12～图3-15）

表3-1　样板段做法分类汇总

样板段做法	适用对象
实体样板	大穹顶实体样板段
	万佛廊室内装饰样板段
	千佛殿室内装饰样板段
	禅境大观铝板吊顶实体样板段
	佛顶宫塑石假山样板段
泥模1∶1比例	石材雕刻1∶1比例、佛像还原1∶1比例
BIM模拟施工技术	基于BIM的异形空间双曲面石材施工、高大空间双曲面GRG制作
3D打印技术	3D打印铜质菩提树、3D打印铜质佛像

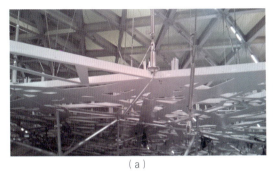

（a） （b）

图 3-12 禅境大观实体样板段

（a） （b）

图 3-13 塑石假山样板段   图 3-14 万佛廊实体样板段

（a） （b）

图 3-15 泥模 1∶1 样板

3 文化产业建设项目设计阶段投资管理与实践

2）基于 BIM 的模拟施工技术

牛首山佛顶宫千佛殿大堂及共享空间面积比较大，工期比较紧，施工面积又比较大，施工难度高，工艺复杂，且存在大量异形空间双曲面石材施工。双曲墙面是佛教建筑的重要组成部分，造型优美但施工难度较大，墙面装饰石材的制作与安装是其施工重点与难点，所以在施工前的设计阶段，可以采用虚拟施工技术对其进行模拟施工，以确保材料的衔接自然、美观并且不产生开裂等质量问题，通过分析样板找出最佳造型视觉效果，解决系统衔接等问题。

（1）技术重点、难点

① 空间双曲面石材安装完成面空间定位要求高：全高精度小于 2 毫米；水平精度每 3 米两端高差小于 1 毫米。

② 空间双曲面拼花石材（含拼花、雕刻类）的加工精度要求高，要控制在 0.5 毫米以内。（如图 3-16）

③ 空间双曲面石材与周边材料多层收口节点控制难度大。

（2）关键技术

① 开发了三维扫描逆向建模结合 BIM 模型拟合对比技术（如图 3-17），解决了异形双曲面石材测量、放线、下单及弧形实际尺寸数据偏差问题。运用三维扫描获得现场数据（如图 3-18、图 3-19）；将扫描数据导入 Revit 软件，借助 BIM 系统，对材料构件进行模拟拆分、构件的模拟组装，抽取弧形石材墙面材料的尺寸数据。

② 利用 BIM 技术形成的现场模型，抽取数据下单，导入 CNC 数据中心进行加工，弧形板采用金刚石绳锯对石材荒料按照模型弧度进行切割；加工完成后在后场进行预拼，将质量问题降至最低，解决了弧形石材加工精度偏差大的问题。

③ 利用 BIM 三维模型模拟空间碰撞关系（如图 3-20），深化收口方案，绘制收口节点图；解决了石材与周边材料多层收口节点控制难的问题。

(a)   (b)   (c)

图 3-16 曲面石材三维加工

图 3-17 逆向模型基础上曲面石材模型   图 3-18 三维扫描示意图

 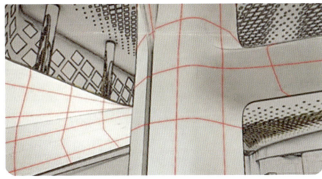

图 3-19 基层三维扫描   图 3-20 与模型的空间碰撞划分

（3）小结

本技术在南京牛首山千佛殿异形双曲面石材施工中得到成功应用，基于 BIM 技术的异形双曲面拼花石材加工、模块化安装，降低了材料损耗率，提高了安装效率、装饰效果，同时也为类似高大空间异形双曲面石材安装工程提供了参考和借鉴意义。

3）基于 3D 打印的模拟施工技术

南京牛首山佛顶宫"禅境大观"内有棵 10 米高的无忧树。无忧树主要由树干、树枝、树叶、花这四部分组成，采用三维数字化建模，3D 打印，铸造、冲压、电镀成型，种钉组件连接等多种技术成型。

（1）技术特点、难点

① 三维数字化建模，实现复杂艺术件整体造型（见图 3-21、图 3-22），解决了泥塑小稿验证难度大的问题；

② 对于树干、枝、叶、花，保证逼真度、美感的同时还要考虑结构稳定性；

③ 树枝的铸造，树叶的冲压，无忧花的电镀，多种成型制作工艺复杂；

④ 树叶、树枝安装精度高，变形控制难度大，树枝的原始状态保持困难。

（2）关键技术

① 根据无忧树特性，设计了三维数字化模型，利用模型数据 3D 打印 1：15 主树干、树枝、树叶等模型（见图 3-23～图 3-29），根据树枝形态进行组合。解决了无忧树的整体艺术效果设计的难题，实现了复杂艺术件整体造型，打破了常规的泥塑小稿验证。（见图 3-30～图 3-32）

② 根据树干、枝、叶等的 3D 打印模型，分类采用树枝砂模铸造、精密铸造、叶冲压，花翻树脂电镀等技术，解决了树干、主树枝、树叶、花的精密成型难题。树枝模型 1：1 翻制石膏模样，进行树枝的铸造，树干和树枝采用砂型铸造，局部小树枝采用精密铸造。（见图 3-33～图 3-38）

③ 利用 SAP2000 有限元对无忧树自重作用下的稳定性进行分析，确定了无忧树需加固部分（主树干根部、主树干一级分叉、二级分叉处、二级树干根），设计了不同加固部分的做法，有效解决了无忧树结构稳定性问题。根据树枝粗细将钢管分为三种尺寸的规格，二级树干根部选择 ϕ159 毫米 ×9 毫米钢管，主树干根部选择 ϕ500 毫米 ×16 毫米钢管，其他需加强主树干位置选择 ϕ273 毫米 ×14 毫米钢管。

图 3-21 无忧树效果图

图 3-22 无忧树完成图

图 3-23 无忧树树干三维模型

图 3-24 树枝及树叶三维模型

图 3-25 3D 打印树枝与树叶

图 3-26 3D 打印无忧树模型

图 3-27 树叶三维模型

图 3-28 3D 打印树叶

图 3-29 3D 打印树叶完成

图 3-30　3D 打印树干

图 3-31　翻样无忧树石膏模样

图 3-32　树枝石膏模型分段

图 3-33　砂铸模具

图 3-34　树枝砂铸

图 3-35　无忧花树脂模　图 3-36　无忧花电镀

图 3-37　冲压成型树叶

图 3-38　精密铸造小树枝

图 3-39　三维数据测量点　　　　图 3-40　实际模样的测量

图 3-41　三维数据树枝分布　　　图 3-42　实际安装树枝分布

④ 总结出树枝、末端树枝、树叶、无忧花安装方法；利用已安装好的基础树干树枝、建立的定位距离及空间坐标系，用空间坐标点，结合 3D 打印模样、形态及走向、定位距离等进行安装，实现多种方法控制，解决了无忧树的安装精度及形态效果（见图 3-39～图 3-42）。

（3）小结

运用数字化三维模型设计及 3D 打印模型制作技术，在打破了传统的泥塑小稿验证方法的同时，提升验证的直观性、充分性，降低了验证的成本；通过三维数字化建模、3D 打印、有限元分析等现代技术，有效指导了安装施工，保证了实体安装与设计效果一致，解决了复杂艺术件的整体艺术效果验证与精密建造的难题，也进一步推动数字化技术在传统技术上的应用与发展，实现了传统工艺技术的 3D 数字化智慧建造、工业化建造。

3.5.4　牛首山文化旅游项目佛顶宫精装修设计概算的合理确定

佛顶宫作为牛首山文化旅游区的核心建筑，位于牛首山东西两峰之间挖矿所形成的废弃矿坑中，用来供奉佛祖圣物，且建设世界禅博物馆、世界佛教舍利文化博物馆两大博物馆。从"佛顶宫投资估算占比分析表"中可以看出佛顶宫室内装饰造价占项目总投资的比例达40%，所以佛顶宫装饰工程造价的合理确定是本项目的关键。佛顶宫工程主要体现宗教文化内涵，装饰装修难度大，主要体现在以下几个方面：

（1）地面大面积拼花石材加工，安装精度要求高，见图3-43（b）。

（2）内墙大量采用雕刻金属构件、木构件、石构件、手绘丝绸，其中嵌以各种形式的艺术构件，如瓷板画、脱胎、琉璃制品等，见图3-43（a）；外立面艺术幕墙，形式多样、异形、曲面构件多，构思内容、加工难度、雕刻纹理为同类工程之最。（见图3-44～图3-46）

(a)

(b)

图3-43　万佛廊地面石材拼花及拼花节点

图 3-44 艺术幕墙样品

图 3-45 艺术幕墙内廊

图 3-46 双曲面拼接石材及石材节点

（3）顶棚采用 GRG 造型 + 彩绘、铝板吊顶、双曲面拉索式异形镂空铝板吊顶等，形式多样。（见图 3-47 ~ 图 3-51）

图 3-47　千佛殿 GRG 造型　　　　　　　　图 3-48　千佛殿彩绘

图 3-49　万佛廊彩绘细部

(a)

(b)

图3-50 双曲面拉索式异形镂空铝板吊顶效果图及现场图

1）佛顶宫精装修设计概算的合理确定

牛首山文化旅游项目装修标准已远远超过常规项目精装修工程的标准，而且处于特殊的施工环境中。尤其佛顶宫的精装修标准非常高，装修费用占比大。佛顶宫设计方案完成后，设计单位按概算指标法测定设计概算约为 9.8 亿元。由投资估算中对佛顶宫各专业造价占比分析可知，佛顶宫室内装修投资占佛顶宫总投资的约 43%，如何合理确定和控制佛顶宫精装修的造价显得尤为重要。

捷宏咨询团队根据佛顶宫精装修初步设计图纸、牛首山施工特殊条件并结合整个项目设计理念和要求，对设计概算进行审核。捷宏咨询团队利用公司强大的指标库数据和类似装饰工程的经验，对不合理的指标项进行修正，修正后结果约为 11.09 亿元，使概算趋于合理。此概算作为内装饰工程的造价控制目标。牛首山佛顶宫室内装修估算及审核详情见表 3-2。

表 3-2　牛首山佛顶宫室内装修估算及审核（负 6 层 ~3 层）

序号	楼层	装修面积 /平方米	概算送审价		概算审核价		单方造价差额 /（元/平方米）	总价差额 /万元	差额率 /%
			设计概算上报单价 /（元/平方米）	设计概算总价 /万元	概算审核单价 /（元/平方米）	概算审核总价 /万元			
1	机房层	3 386	1 817	615	2 001	678	184	63	10
2	3F	4 780	8 006	3 827	10 342	4 943	2 336	1 116	29
3	2F	6 047	6 161	3 725	7 726	4 672	1 565	947	25
4	1F	8 287	25 737	21 327	29 863	24 746	4 126	3 419	16
5	B1F	8 831	4 096	3 617	2 703	2 387	−1 393	−1 230	−34
6	B2F	10 696	5 132	5 489	4 082	4 366	−1 050	−1 123	−20
7	B3F	12 148	12 438	15 109	10 960	13 314	−1 478	−1 795	−12
8	B4F	6 346	8 556	5 430	10 067	6 389	1 511	959	18
9	B5F	8 095	14 316	11 589	30 218	24 462	15 902	12 873	111
10	B6F	6 895	16 178	11 154	11 467	7 906	−4 711	−3 248	−29
11	七宝莲道	4 368	34 488	15 065	35 755	15 618	1 267	553	4
12	核心筒	7 460	2 000	1 492	2 000	1 492	0	0	0
合计		87 339		98 440		110 973		12 533	

2）佛顶宫装饰装修设计概算编制及审查

牛首山佛顶宫室内装修工程共分为地下6层、地上3层、七宝莲道和核心筒四个主要部分。现以负5层为例对概算审核思路和依据进行分析，负5层的主要功能为千佛殿、万佛廊和展厅，咨询团队对设计方案进行详细分析，对一些特殊因素进行梳理，具体如下：

（1）由于本层处于地下5层，采用的石材、月梁等艺术构件体积和重量均超出正常运输和安装的极限，导致人工消耗量远超常规项目。

（2）楼面采用大量与佛教文化相关的异形图案的石材拼花，所涉及的石材种类达数十种，且拼花均为曲线异形（见图3-51），石材损耗远高于正常拼花损耗；同时，对石材品质提出了较高要求，均为优等品。

图3-51　石材拼花细节图

(a)

(b)

图 3-52 佛顶宫彩绘细节图

（3）墙面和顶面采用大量与佛教文化相关的彩绘。为达到彩绘艺术效果以及后期名人效应带来的价值，考虑请名家大师创作。（见图 3-52）

（4）万佛廊月梁及梁托对万佛廊效果起到关键性作用，考虑采用优等木材并借助于木雕工艺融合佛教文化，以达到增值目标；考虑采用优等且具有收藏价值的木材，如金丝楠木并搭配东阳木雕工艺，来实现万佛廊的整体效果。（见图 3-53、图 3-54）

图 3-53 月梁

图 3-54 梁托

（5）千佛殿层高达20米，万佛廊层高达8米，且由于多专业同时交叉施工，工作面严重不足，导致措施费远高于类似项目。

综合考虑以上原因，并经详细测算分析后，对以下区域概算指标进行了调整：舍利大殿区（千佛殿），概算送审造价为3 469万元，设计概算审核总价为11 123万元，核增近221%；舍利大殿区核心环廊区（万佛廊），概算送审造价为3 682万元，设计概算审核总价为7 811万元，核增约112%；展厅区展厅，概算送审造价为1 492万元，设计概算审核总价为1 680万元，核增约13%。

3）设计概算偏差原因分析

（1）项目定位高

2011年12月，南京市委十三届二次全会通过了《关于加快文化建设，提升文化实力，打造独具魅力的人文都市和世界历史文化名城的决定》（宁委发〔2012〕2号）及"1+5+1"南京文化建设系列文件，将牛首山遗址公园列为南京市"十二五"保护传承文化遗产的重大项目。

作为"牛首山文化旅游区"的一期工程，扎实推进了中共江苏省委关于实施文化建设工程的意见，促进了文化大发展大繁荣，是当时迎接2014年南京青奥会隆重开幕的献礼工程。因此作为创百年工程，牛首山文化旅游项目对推动中国佛教文化弘扬四海，实现中国佛教文化的传承与创新、提升南京国际化旅游影响、开发南京旅游资源，促进南京旅游业可持续发展有着重大作用。

（2）工艺复杂

牛首山文化旅游项目作为佛教建筑和现代美学相结合的综合性文化产业建设项目，为了营造佛教文化氛围，装饰装修应用了多类传统工艺，大量采用石材、木雕、琉璃干挂工艺，敦煌壁画等，艺术造型多样，工艺复杂。

施工前为了保证对空间效果的把控，需要在室内实体空间做1：1实景样板段，包括最终的末端功能点位、艺术点位及灯光效果等，供各方审核、确认，来把控最终的艺术效果、材料的选择，确保空间比例与构件细节达到完美；同时对于以敦煌壁画为主要创作素材的彩绘大师，他们汲取了当代、传统艺术风格的不同特点大胆运用装饰绘画，利用描绘、镶贴金银箔、沥金粉、做晕色、画白活处理等传统工艺技术，结合佛教装饰绘画的表现技法，保障实际空间关系与大面积实施的工程质量，技术难度大，技术工对于细节的处理好坏决定了工程的成败，人工工资涨幅较大。

（3）施工条件特殊

牛首山文化旅游项目单个建筑体量大，而且大量的高大异形空间结构（高大的廊柱、大跨度的梁柱、高耸的穹顶、超大面积厅堂等）在建筑技术上大量运用大跨钢结构、预应力混凝土结构、重型幕墙结构，现场施工达百米高度，施工难度大；室内异形高大空间艺术装饰中单体石材偏厚、偏重，造型复杂，安装难度较大，要反复校对、检查每层每块石雕组合分批、拼装。安装过程中工作人员需具有三维空间定位、三维深化设计能力；难度大，且室内多专业同时交叉施工，工作面严重不足。

（4）使用材料特殊

为了创造百年工程这一主题，本项目使用的大部分材料均为优质品材料，装饰综合应用了现代技术与传统工艺，且对总承包单位的资源集成能力提出很高要求；对于非常规材料，需提前进行材料考察、采购及场外的制作加工。

4 文化产业建设项目采购阶段投资管理与实践

项目采购阶段的投资管理是根据合约规划和项目进度计划进行招标策划，择优选择工程承包单位、专业分包单位和货物供应单位等。文化产业建设项目采购阶段投资管理通过前期充分的市场调研、采购流程管理、招标策划、合同管理等手段达到投资管控的目标。文化产业建设项目在采购阶段，由于不完全竞争市场的原因，需进行充分的市场调研来合理策划招投标，根据合同风险共担原则合理确定合同价格和合同条款等。在投资管理实施中，文化产业建设项目的采购管理工作主要包括确定招标策划、合约规划、编制招标文件、合同条款的拟订和谈判等。

4.1 采购阶段投资管理策划

文化产业建设项目采购阶段投资管理是在明确采购管理目标，了解投资管理难点的基础上，通过充分市场调研精心策划招投标，明确采购内容及选定采购方式，合理确定合同价格和合同条款，通过招标竞标、询价等方式选定货物或服务的供应单位，签订合同，并对货物或服务供应合同履约进行监督，服务于项目建设。文化产业建设项目采购阶段投资管理策划的流程如图 4-1 所示。

文化产业建设项目采购阶段是形成项目成本的重要阶段。在采购阶段实施投资管理工作，可以实现文化产业建设项目预算的控制目标。做好文化产业建设项目采购阶段的管理工作，可以使项目建设各相关方掌握项目情况，有利于促进项目管理决策部门做出正确决策，从而合理规避风险、降低项目成本，实现文化产业建设项目的投资管理目标。

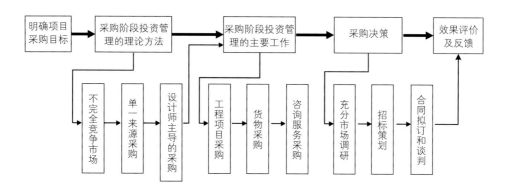

图 4-1 文化产业建设项目采购阶段投资管理策划的流程

4.1.1 采购阶段管理目标

美国项目管理协会（Project Management Institute，PMI）将项目采购定义为达成项目范围的工作而从执行组织外部获取货物和／或服务的各种过程。世界银行将项目采购分为工程项目采购、货物采购和咨询服务项目采购。此处的"采购"不同于一般概念上的购买商品，它是指以不同方式通过努力从系统外部获得货物、工程项目和咨询服务的整个采办过程。因此，基于项目的采购管理的总目标是以最低的成本为项目提供满足需要的工程、货物和服务。总目标的实现不仅仅是采购部门的事情，它需要整个项目团队的共同努力。

文化产业建设项目不同于一般工程项目，尤其是它涉到一些文化产品、复杂结构工程等采购要求。采购活动及其结果直接决定工程合同价格的高低，对项目的投资具有较大的影响。因此在文化产业建设项目采购阶段，应当确定合理的采购管理目标，从而在满足项目需要的前提下实现投资控制。

（1）合理控制采购成本，提高资金利用率和管理效率

采购管理最基本的目标是为项目提供所需的物料和服务。在满足基本目标的基础上，采购管理还应以最低的价格获得所需的物料和服务，合理控制文化产业建设项目的采购成本。文化产业建设项目的采购管理部门应与供应商建立良好联系，建立并有效管理供应链，确保项目物资来源。既要实现按时按量的采购目标，保证供应，又要避免不必要的储存和保管费用，尽可能提高项目资金利用率和采购管理效率。

（2）鼓励采购管理创新，提升采购管理水平

文化产业建设项目不同于传统的项目采购，设计师为了保证艺术效

果常常采用各类复杂工艺,如砖雕、木雕、石雕、瓯塑、琉璃干挂、敦煌壁画、瓷板画、掐丝刻金等制作众多艺术品,还会选择一些特殊造型的苗木来表达文化意境。这些特殊材料、艺术品的采购要求采购管理部门提前进行市场调研分析,并广泛收集供应商对产品和市场的意见,在保证供应的同时,促进采购管理创新,提升采购管理水平。

4.1.2 采购阶段投资管理主要工作

工程项目采购阶段投资管理的主要工作可用图4-2的流程图表示。

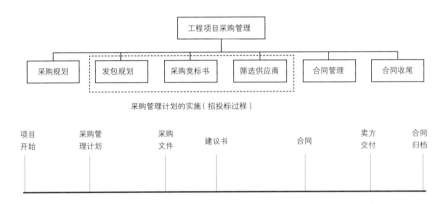

图4-2 工程项目采购实施流程图

文化产业建设项目采购阶段的投资管理应遵循项目采购的基本原则和政策法规,通过严谨规范的采购程序,控制采购总成本、质量和进度,采购到适宜的货物、工程和服务。采购阶段的投资管理工作主要包括以下五部分:确定采购范围、编制项目采购规划、确定合同类型和采购方式、招标定标、合同履约管理。文化产业类项目因其建设的复杂性和采购产品的稀有性,确定采购范围前必须做好充分的市场调研。

4.2 采购阶段投资管理的难点与挑战

文化产业建设项目通常负有通过现代建筑展示传统文化的使命,供应商需具备将传统文化元素和现代建筑融合的能力。采购市场中能满足上述需求的供应商数量有限,从而导致文化产业类项目处于不完全竞争市场;同时,其施工工艺复杂、施工材料特殊导致材料生产厂家市场供应不足，使得建设项目需要面对单一来源采购等情形，这些都导致文化产业项目采购过程中材料价格确定起来比较困难，加大了采购阶段投资控制的难度。

4.2.1　不完全竞争市场

文化产业建设项目是现代建筑与传统文化的结合，独特的设计以及文化特性等因素使得文化产业建设项目的市场竞争较小。一般的工程建设项目往往具有较强的共性，因此一般工程建设项目的采购市场中具有很多竞争者，一般是处于一个完全竞争的状态。大型文化产业建设项目因其地域、文化、功能等的特殊性，市场中往往只有极少的单位有能力承接或供货，供应商的紧缺直接导致文化产业建设项目的市场处于不完全竞争状态。

文化产业建设项目的采购市场处于不完全竞争状态，短期内市场状态也无法改变。因此在不完全竞争市场状态下，文化产业项目的建设单位应采取相应措施，从而合理控制项目的采购成本。注意与供应商进行谈判，运用合理的谈判策略；采购特定材料或货物时，还应注意材料是否存在可替换性，并与设计师进行沟通协商，从而合理控制的项目采购成本。

4.2.2　单一来源采购

文化产业建设项目因其呈现艺术效果的需要，常常需要特殊的材料构件，但是我国的文化产业建设项目数量相对较少，因此国内可以提供符合项目要求的采购材料的供应商数量较少。加之地域的限制以及工期的要求等原因，文化产业建设项目的采购部门常常会面临只能向单一供应商采购的问题。

虽然法律对单一来源采购方式做了一定的规定，但是在实际实施过程中，可能会出现采购成本的增加等问题。市场竞争的缺乏和议价空间的减少使得文化产业建设项目采购方可能会难以控制项目的成本，因此针对单一来源采购问题需要制订相应的成本控制措施。

文化产业建设项目采用单一来源采购方式时，建议编制详细的采购文件。编制采购文件时可以对采购标的数量、技术标准、交货时间等做出详细规定，采购专业人员还可以有针对性地与供应商商定产品质量等内容。此外，对于议价空间的减少，采购部门需要针对不同的供应商和采购情形制订对应的谈判策略，通过编制采购文件和制订谈判策略等措施，有效控制文化产业建设项目的项目成本。

4.3 采购阶段投资管理方法

4.3.1 充分的市场调研

文化产业建设项目不同于常规项目，采购前必须进行充分的市场调研，尤其是特殊材料、艺术品的采购，更应做好充分的调研。

1）类似项目调研

对于文化产业建设项目的招标工作，我们首先要做的就是找到工程建设的难点和关键点，通过类似项目调研（无锡灵山胜境、舟山观音法界等），充分借鉴这类文化产业建设项目的经验，公开、透明地组织开展以目标和问题为导向的市场调查与技术交流工作，广泛征集和寻找市场上与牛首山文化旅游项目相匹配的优质资源，并在此基础上通过市场互动，了解市场现状、考察人员设备等有效整合各方优质资源来深入研究制订相应的应对措施，从而解决工程建设的难题。

2）供应商供货调研

在采购工作实施过程中，首先需要对市场内的供应商进行情况调研，专业配合服务单位、厂家进行筛选，对其生产能力、生产特长进行评估，确定供应商的考察名录，确定考察计划，制订考察路线。了解各类专业资源的生产能力、价格体系、专业施工能力等情况，并编制考察情况报告。同时要重点关注供应商的制作样品、样板，并对供应商提供的样品和样板的颜色、造型、材料质地进行审核，避免错、漏、碰、缺等情形，同时组织设计单位、建设单位、艺术创作单位等检验、评定。编制采购工作的交付清单，确定实物编号、图片、空间名称、使用位置、规模、数量等信息并进行动态管控。

4.3.2 精心策划招投标

招投标是指运用经济、技术等市场手段，发挥市场竞争机制的作用，有组织地开展择优的交易行为，通过招投标，发包人与承包人双方在招标文件约定及投标文件的承诺下订立合同。招投标作为项目管理的重要环节，影响着资源的有效配置，是项目获取优质、高效资源的重要手段。招投标阶段三项重要工程有：标段的合理划分、招标方式的确定和工程承包模式的确定。

文化产业建设项目有别于传统建筑，此类项目的招标策划相对于传统范畴的程序性招标，在目标、定位、工作内容等方面更深、更宽、更广、更长。考虑文化产业建设项目的管理需求，构建合理的招标模式，给予招标人、投标人在招标启动前充分的市场调查和技术交流，准确指引招标工作的顺利开展。

对于工艺比较复杂的文化产业建设项目，通常采用"总包＋专业分包"的发包模式。这种发包模式的特点是建设单位把整个建设项目发包给一家资质和能力符合要求并具备一定类似项目经验的施工总承包单位，项目的主体结构由总承包人负责施工，部分重要专业工程及系统设备的采购（或采购安装），则由发包人另行发包给具有专业资质和能力的施工单位，整个项目的进度由施工总承包人向发包人负责。

采用这种发包模式时，建设单位保留了部分认为有必要加强管理和控制的专业工程及重要系统设备采购（或采购安装）自主选择分包人的权利，这对整个项目的进度、质量的投资控制是比较有利的。因而在合同履约过程中，建设单位的直接管理工作也不会像平行发包模式那样大，可通过突出管理重点，提高管理效率。这也是目前一些大型建设项目较多采用这一模式的原因所在。

以牛首山文化旅游项目为例，该项目的建设规格高、规模大，结构形式独特，施工工艺复杂，风险因素众多，如果采用平行发包的模式，众多参建单位很难协调统一，势必大大增加项目进度、质量安全等方面的风险，不利于项目全生命周期的投资控制。因此，牛首山文化旅游项目主要采用"总包＋专业分包"的承发包模式，除园林、景观工程由南京凯进园林景观工程有限公司负责建设外，其他所有建设项目均由中国建筑第八工程局有限公司总承包，其中一些专业工程再分包给其他专业公司，由总承包商负责与项目实施的各相关方进行协调，这样有利于项目整体的进度、质量和投资控制，又能达到专业的人干专业的事的目的。

4.3.3　设计师主导的采购

对于设计效果有影响的关键环节，设计师往往直接参与采购工作的招投标，对拟采购的设备、材料进行全面的评价，可以为采购工作提供最直接的服务和指导，使采购工作顺利完成。在参与采购的工作中，设计师也可以将自身的设计理念全面地展示出来，打造更加贴合设计理念的建筑作品，这一点也是文化产业建设项目的主要目的，因此文化产业建设项目中关键环节的采购多由设计师来主导。

文化产业建设项目因呈现艺术效果的需要，以设计师为主导的采购是较为常见的采购方式。文化产业项目一般包含独特的文化特性，艺术效果的呈现方式往往是由设计师决定，例如艺术品和苗木采购一般都是由设计师来决定。无法达到设计师所设想的艺术效果时，往往会带来返工等诸多问题，造成项目成本的增加。因此，以设计师为主导的采购常用于文化产业建设项目的采购中。经设计师认可的采购物品可以减少后期的返工，这对于项目成本的控制有积极的影响。

4.4　合同条款和合同价格的确定

4.4.1　合同价格形式的确定

工程建设项目采用的合同类型有总价合同、单价合同以及成本加酬金合同，根据项目特点和管理需要选择合适的同价格形式。总价合同在约定的范围内合同总价不作调整，其中单价合同在约定风险的范围内合同单价不作调整。合同当事人应在专用合同条款中约定综合单价包含的风险范围和风险费用的计算方法，并约定风险范围以外的合同价格的调整方法。

确定文化产业建设项目的采购合同类型时，发包人除考虑项目的常规风险水平外，还应综合考虑项目风险的复杂性、可控性以及交易主体的风险控制能力等等。选择合适的合同价格形式的目的是为了更好地建立风险分担机制，有利于发包人与承包人共同在施工阶段对项目进行成本控制。

4.4.2 合同风险的合理分担

合同风险的合理分担是合同能顺利执行的前提,《建设工程工程量清单计价规范》(GB 50500-2013)已明确要求:建设工程发承包,必须在招标文件、合同中明确计价中的风险内容及其范围,不得采用无限风险、所有风险或类似语句规定计价中的风险内容及范围。本着公平公正的原则,通常情况下合同风险的分担原则建议如下:

(1)承包人应完全承担的风险是技术风险和管理风险,如管理费和利润。

(2)承包人应有限承担的是市场风险,如材料价格一定幅度变化范围内风险。

(3)发包人完全承担的是法律、法规、规章和政策变化的风险,此外还包括省级或行业建设主管部门发布的人工费调整、由政府定价或政府指导价管理的原材料等价格的调整。

(4)为了合同的顺利实施,不建议设置风险完全转嫁的条款。

4.4.3 投标报价分析

文化产业类项目体量大,复杂程度高,投标报价科学合理是合同顺利执行的前提,为了项目的顺利推进,对投标报价须进行充分的分析。具体分析内容包括:

(1)对招标文件的实质性响应。

(2)错漏项分析。

(3)分部分项工程量清单项目综合单价的合理性分析。

(4)措施项目清单的完整性和合理性分析,以及其中不可竞争性费用正确性分析。

(5)其他项目清单项目完整性和合理性分析。

(6)不平衡报价分析。

(7)暂列金额、暂估价正确性复核。

(8)总价与合价的算术性复核及修正建议。

(9)其他应分析和澄清的问题等。

4.4.4 文化产业类项目合同价格确定的难点

合同价格确定是投资控制的重要环节,文化产业类项目因其特殊性给合同价格的确定带来了一定的难度:

(1)在某些工期要求紧的文化产业类项目中,常出现在初步设计完成后即组织招标。

(2)《建设工程工程量清单计价规范》(GB 50500-2013)规定使用国有资金投资的建设工程发承包,必须采用工程量清单计价。招标工程量清单必须作为招标文件的组成部分,其准备性和完整性由招标人负责。根据初步设计图纸编制招标工程量清单,对咨询团队人员提出了极高要求,造价工程师必须懂工艺、懂方案、懂市场,甚至需要具备一定的深化设计能力。

(3)文化产业类项目因其特殊性,特定材料、产品的市场存在不完全竞争,甚至存在单一来源采购,给合同谈判和价格确定带来难度。

(4)文化产业类项目的价值不单是产品本身价值,更重要的是产品的艺术价值难以估量,给特定产品定价带来极大难度。

4.5 牛首山文化旅游项目采购阶段投资管理实践与启示

4.5.1 施工总承包单位的确定

牛首山文化旅游项目的综合性较强,涉及的工作环节较多,建设单位缺乏项目管理和集成经验。经市场调研和多轮讨论后决定将牛首山文化旅游项目采用施工总承包人式,希望能引入施工管理能力强的企业进行合作,由施工总承包单位对整个施工现场进行管理,这样能在原有的基础上提高施工效率,切实减少工期拖延的问题,减少资金的浪费,确保建设项目提效、提速、提质,也能有效避免建设单位资源不足的问题。

1)市场调研

牛首山文化产业建设项目在招投标工作开展前经多次市场调研与技术交流,收集各潜在投标人对本次招标项目重点、难点分析、有关标段的划分、界面划分、施工方案、工期安排等建议,了解以往类似项目在招投标、设计方案、施工组织等方面的经验后与调研对象会面交流并进行实地考察，总结调研信息资料，形成调研报告，掌握潜在投标人数量及其投标意愿，并通过调研掌握的信息，初步判断各个调研对象在相关专业领域的实力和声誉。经过充分的市场调研与技术交流后，招标团队了解到中国建筑第八工程局有限公司是文化产业建设项目领域行业的开拓者。

中国建筑第八工程局文化旅游事业部在现代文化旅游建筑尤其是现代宗教建筑领域是行业开拓者。在此之前承包过有世界佛教论坛永久会址之称的无锡灵山梵宫、舟山观音圣坛、金陵大报恩寺塔等。系列精品宗教建筑的成功实施，对传承民族文化作出了积极贡献，也让文化旅游建筑成为中建八局的拳头产品之一。

以中建八局总承包公司的文化旅游事业部为主力的研究团队，基于现代佛教建筑的工程实践，开展系列科技研发，攻坚克难，对特殊宗教剧场、大型佛像雕塑、宗教艺术彩绘、特殊氛围照明、大跨艺术空间等内容进行了系统研究，取得了丰硕的科研成果，并培养了大批文化旅游建筑人才。

2）类似项目经验

中建八局总承包公司的文化旅游事业部结合现代佛教建筑建造业务管理流程与多年积累的项目实践经验，首次在行业内编成了大型佛教建筑艺术装饰项目管理标准化手册。手册将艺术装饰建造流程全面剖析，从专业施工单位，饰面材料选购，专业设备单位，功能灯具，装饰灯具设计与实施环节，艺术品设计与实施环节，采购工作实施环节，标识设计与实施环节等12个方面100项，在各阶段、各专业，以管理流程、控制要点两方面指导工作。

标准化管理手册既是操作指导文件，也是项目在建造过程中的操作记录文件。该标准化管理体系已在文化旅游项目范围内推广应用，在无锡灵山胜境、舟山观音圣坛项目的艺术装饰建造管理过程中均按照该手册中的指引执行，为创造制度化、规范化的项目管理模式提供了保障，以提高工作效率，保障产品品质，增强产品的竞争力。截至目前，各项目在节约建安成本、提高工作效率等方面取得了良好效益，本体系还将继续在其他文化旅游项目中推广使用，以期产生更多的经济效益。

牛首山文化旅游项目体量大，建设难度大，参建单位多，交叉作业多，总承包管理协调量大、深度深。除了分包外，更有大量的艺术品供应商、设备供应商、佛教元素构建制造商，不同工种、不同专业立体交叉作业，对总承包的进度、平面、协调管理提出了很高的要求。总承包单位应有很强的整体把控能力，把控好建造节奏。文化产业建设项目的二次深化较多决定了总承包单位也应有很强的引领设计、深化设计能力，能系统性带领及指导各个专业分包单位进行相应的图纸二次深化设计；并且具有较强的跨行业、跨专业综合施工管控能力，相关的总承包管理人员必须具有一专多能的技能与管理经验。

3）招标方式的确定

招标方式有公开招标、邀请招标。本项目建设资金使用国有资金，应当进行公开招标。因此本项目拟采用公开招标方式，并采用模拟清单招标。模拟工程量清单招标实际上就是利用已有方案设计、初步设计或者不完备的施工图设计图纸编制工程量清单进行招标。由于此时项目信息还不完整，清单中所包含的信息具有极大的不确定性，所以将其称为模拟工程量清单。在实际操作中通过将工程量清单的编制工作、施工图设计工作以及施工工作交叉进行，不仅缩短了工期，还有助于利用传统工程量清单的优势，使造价的变化可以预见，更好地进行成本控制。

针对牛首山文化旅游项目，因工期要求紧，咨询服务团队与建设单位、设计单位沟通，了解项目的基本情况并与类似项目进行对比，依据待建项目的特点对清单的子项、特征描述、工程量等进行调整，对可能出现的不平衡报价的地方要重点关注，最终决定根据模拟清单进行招标。

综合了解和调研后，并经招投标，最终决定由中建八局作为施工总承包单位承接牛首山文化旅游项目。

4）合同价格形式的确定

牛首山文化旅游项目的佛顶宫建设合同采用固定单价合同。合同中相关价格条款约定如下，工程量按施工中实际施工图纸＋签证＋变更计算，招标时工程量清单未施工的项目，竣工价款结算时应予以扣除（包括措施费），综合单价原则上按合同单价（投标单价）执行，执行方法如下：

（1）合同履行期间，由于招标工程量清单中缺项、因工程变更引起已标价工程量清单项目或其工程数量发生变化时，应按照下列规定调整：

① 已标价工程量清单中有适用于变更工程项目的，应采用该项目的单价。但当工程变更导致该清单项目的工程数量发生变化，且工程量偏差超过15%时，可进行调整。当工程量增加15%以上时，增加部分的工程量的综合单价应予以调低，当工程量减少15%以上时，减少后剩余部分的工程量的综合单价应予以调高。如上述变化引起相关措施项目发生变化时，工程量增加的措施项目费调增，工程量减少的

措施项目费调减。

② 已标价工程量清单中没有适用但有类似于变更工程项目的，可在合理范围内参照类似项目的单价。

③ 已标价工程量清单中既没有适用的也没有类似于本缺项工程项目的，应由承包人根据当时最新的《建设工程工程量清单计价规范》（GB 50500-2008）、《江苏省建筑与装饰工程计价表》（2004）、《江苏省安装工程计价表》（2004）、《江苏省市政工程计价表》（2004）、工程造价管理机构发布的信息价格等，以及有关部门发布的现行预结算文件及政策性调整文件和承包人报价浮动率提出变更工程项目的单价，并应报发包人确认后调整。承包人报价浮动率可按下列公式计算：承包人报价浮动率 $L=（1-$ 中标价／招标控制价 $）\times 100\%$。

④ 已标价工程量清单中既没有适用也没有类似于变更工程项目的，且工程造价管理机构发布的信息价格缺价的，应由承包人通过市场调查等取得有合法依据的市场价格提出变更工程项目的单价，并应报发包人确认后调整。

（2）国家的法律、法规、规章和政策发生变化时，应按省级或行业建设主管部门或其授权的工程造价管理机构发布的规定调整合同价款。

（3）若施工中出现施工图纸（含设计变更）与工程量清单项目特征描述不符的，发、承包双方应按新的项目特征确定相应的工程量清单项目的综合单价。

（4）在施工过程中无论承包人所采用的施工措施是否与投标时一致，发包人均认为其施工措施费在投标报价中已综合考虑，结算时该费用不再调整。工程变更引起施工方案改变并使措施项目发生变化时，承包人提出调整措施项目费时，应事先将拟实施的方案提交给发包人确认，并应详细说明与原方案措施项目相比的变化情况。

4.5.2　牛首山文化旅游项目主要施工承包商

施工总承包单位确定后，按招标计划与总承包单位共同对文化产业类项目室内外装饰、钢构的优质承包商进行充分调研，并采用招标的方式选择本项目供应商，对主要施工承包商的确定应重点考虑：（1）有类似项目经验；（2）具有完成此项目的能力；（3）信誉和信用良好。因本项目工期紧，任何环节均不得有所耽搁。主要施工承包人情况详见表4-1：

表 4-1 牛首山文化旅游项目施工单位汇总

类别	单位名称	工作内容
施工单位	中国建筑第八工程局有限公司（总承包公司实施）	施工总承包
	中建八局装饰工程有限公司	精装、幕墙
	四川菩提装饰工程有限公司	彩绘工程
	天津华彩信和电子科技集团股份有限公司	泛光照明
	新中原建筑装饰工程有限公司	佛顶宫幕墙施工
	南京富斯特智能科技有限公司	弱电工程
	深圳洪涛装饰股份有限公司	装饰
	苏州金螳螂建筑装饰股份有限公司	装饰
	中建安装工程有限公司	暖通、消防、钢结构施工
	上海东尼建筑装饰有限公司	装饰
	上海通用金属结构工程有限公司	铝合金穹顶
	浙江良康园林绿化工程有限公司	山体绿化
	安徽佛光工艺美术集团	铜艺工程
	上海浦宇铜艺装制品有限公司	铜艺工程
	南京朗辉光电科技有限公司	照明工程
	南京东大现代预应力工程有限责任公司	预应力工程
	南京晨光艺术工程有限公司	金属屋面工程
	苏州鑫祥古建园林工程有限公司	古建园林工程
	江苏江都古典园林建设有限公司	古建园林工程
	福建鼎立雕刻集团	石材雕刻

4.5.3 材料采购及供应商管理

针对本项目采购量大、要求高、定制产品多的特点，材料供应商的采购管理列入重点关注范围，并制订相关制度和流程。为保证物资材料供给及时，要求承包商编制详细材料进场计划，明确各类材料进场的先后顺序、进场时间，分轻重缓急，持续有序推进。特别需抓好材料样品的提前上报、价格审批和货源储备等具体工作，还要注意把好进场材料的质量关，杜绝因材料供给不及时，或者因材料质量不合格而影响工程进度的情形出现。及时调整物资加工和供应计划，保证施工物资的及时供应，储备一定数量的材料物资供应商和专业加工场。

本项目的定制材料较多，主要为琉璃、仿琉璃、树脂玻璃造型、金属饰面板、手绘浮雕等，采购管理主要关注：

（1）做好原创优化及施工深化设计，主要是将模型标准化，形成图纸资料。

（2）选好生产加工厂商，主要为选择有实力的生产厂家，做好技术转换，深入研究，找好质量、工艺与成本的最优结合点；跟踪工厂加工，保证按时供应、进场，确保定制材料的质量和工程进度目标。

（3）现场半成品安装控制，协调好安装与生产的衔接，即生产加工技术人员确保现场指导；尤其是现场的进场部署、安装调配以及收边收口等亦较为重要。

牛首山文化旅游项目的材料采购、审批流程如图4-3所示，材料品质保证体系流程如图4-4所示。

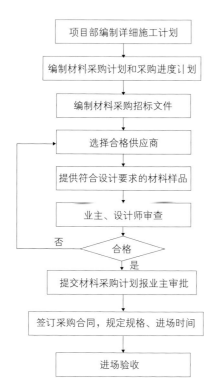

图4-3 施工阶段材料采购、审批流程图

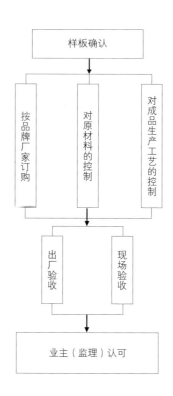

图4-4 材料品质保证体系流程图

4.5.4　牛首山文化旅游项目特殊材料采购市场调研和分析

4.5.4.1　艺术品价格市场调研和分析

1）牛首山艺术品调研分析

牛首山文化旅游区建设的目标是"打造世界佛教文化新遗产，再现当代建筑艺术新景观"，项目采用大量现代技术与复杂传统工艺，如砖雕、木雕、石雕、瓯塑、琉璃干挂、敦煌壁画、瓷板画、掐丝刻金等制作了众多珍贵的艺术品，可谓是艺术品的殿堂。牛首山艺术品主要呈现出以下几方面的特点：

（1）独特性、创新性

千佛殿层贵宾通道上方有藻井彩绘，藻井是一种神圣意义的象征，为了凸显建筑地位的尊贵，只能在皇宫或宗教建筑中应用。彩绘图案融入了敦煌莫高窟"飞天"元素，绘制时由中间向外侧层层展开，配合灯光效果，凸显出祥瑞、圆融、时尚鲜明的艺术特点，是一种非常独特的装饰。

千佛殿中的四摄菩萨邀请了福建工艺美术大师连紫华和著名造像专家吴立波联合造像。工艺上采用白瓷烧制，表面彩金线镶嵌，身挂璎珞、背光局部彩镶嵌。之前白瓷工艺烧制的佛像不超过1.8米，佛像越高难度越大，而四摄菩萨的高度是2.48米，真正实现了白瓷烧制佛像的新突破。

禅境大观内的卧佛造型佛祖涅槃时的姿势，是借鉴敦煌莫高窟158号窟中的卧佛塑像和其比例，能360度缓慢地旋转，是国内著名雕塑家吴显林老师创作设计的，长约7.5米，采用不锈钢铸造，表皮仿以汉白玉材质。卧佛的外圈是如莲剧场，没有演出时可作为一个巨大形似莲花的会场使用，演出时，卧佛下降，舞台升起。

在舍利藏宫的宝幢周围有八幅大理石拼画，主要表现佛祖一生中的八个重要阶段，即释尊的"八相成道图"。设计师根据佛祖八相成道的故事寻找到具有特殊纹理的石材，将纹理输入电脑，经过反复的设计后，用红外线定位，水刀进行切割，最后做现场拼接。每一幅的石材纹理都独一无二，这种艺术创意在全世界都是具有独创性的。

（2）工艺精湛、选材考究

禅境大观内的"南朝四百八十寺"画作是中国工艺美术大师黄培中先生耗时一年才完成的，再现了"南朝四百八十寺，多少楼台烟雨中"

的佛门盛世。画作长28.8米，宽3.45米，纯手工真丝打造，选材上采用江南特有的如皋丝毯工艺。如皋丝毯工艺以上等的蚕丝为原料，采用手工打结，打结密度高，图案多样，结构严谨，比例精当，配色和谐，光彩华丽，质柔耐用，不蚀不蛀，具有很高的艺术价值、装饰使用价值和收藏价值。整个画作以中国传统的屏风形式展出，是世界上面积最大的手工丝毯作品。

万佛廊内供奉有文殊菩萨，牛首山是文殊菩萨的冬宫，因此牛首山也是文殊菩萨的道场之一。文殊菩萨材质选用古法琉璃，纯手工烧制，需要十几道工序，对温度的要求很高，最高温达到1 400 ℃，稍有不慎就会前功尽弃。

万佛廊有段横梁是整木雕刻的，采用了东阳木雕工艺，内容上采用了中国传统文化中的吉祥图案和花纹，材料是柚木，横梁两侧是龙头。东阳木雕是汉族民间雕刻艺术之一，因产于浙江东阳而得名。东阳木雕属于装饰性雕刻，以平面浮雕为主，集合了多种雕刻类型，如薄浮雕、浅浮雕、深浮雕、高浮雕、透空双面雕、圆木浮雕等，层次丰富但又不失平面装饰的基本特点，色泽清淡，格调高雅。

千佛殿的核心就是中央的大塔，它代表的是大日如来。大塔以锡青铜铸胎锻造，表面鎏金，集合了雕塑、錾刻、掐丝珐琅、水晶琉璃、宝石镶嵌，由中国工艺美术大师王金林先生领衔，带领400多名工艺美术师，耗时2年才完成。其中鎏金就用了3个多月，是可以流传千古的佛教艺术瑰宝。大塔9层相轮下是覆钵，覆钵整体采用掐丝珐琅工艺。之前的掐丝珐琅艺术品最大的高度只能达到1米，这里的掐丝珐琅高2.8米，直径5.4米，为此特制了一个8米×4米的炉子，用了7个多月才完成，实现了技术上的突破。

千佛殿内的八供养菩萨像由上海慈颜造像大师徐晓镛领衔督造，采用了清刀木雕的工艺，表面是淡彩。清刀木雕是我国古老的民间手工技艺，在2011年被列为浙江省非物质文化遗产。清刀木雕工艺的难度很高，它没有泥稿，以刀代笔，只在佛像上体现刀工与质感，没有任何拼接和色彩，旨在打造艺术精品。

（3）大都是国宝级大师作品

牛首山文化旅游区为打造世界级佛教文化艺术圣地，景区内的书法、绘画、雕塑等均出自国内一流艺术大师之手，如给牛首广场题字"牛首胜景"的书法大师言恭达等。佛顶宫内的书法作品由江苏省书法家协会牵头，全国知名书法家参与；达摩一苇渡江的石雕是南京美术协会理事秦国良先生的作品；千佛殿层贵宾通道的彩绘由中国木雕彩绘艺术大师杨国荣先生带领团队现场绘制，面积达到3 000平方米。现场绘制的难度很大，条件也很艰苦，最低的空间高度仅6~7米，最高的则达到28米，都是彩绘大师一笔一画勾勒出来的；千佛殿的慧门十六尊由福建著名佛教造像专家林锋荣领衔督造，采用脱胎大漆的工艺，材质坚固轻巧，色彩明亮；八大灵塔由黄小明大师设计并制作，在选料（老金丝楠木）、取材、结构、制图、雕工、后期贴金等方面做到精益求精，打造了佛教界的"至尊灵塔"。

2）以佛顶宫四大菩萨为例分析

牛首山佛顶宫地下6层的舍利藏宫是整个佛顶宫最核心的空间，是珍藏释迦牟尼佛顶骨舍利的神圣之地。供奉在藏宫大殿中央的佛顶骨舍利由观音、地藏、文殊、普贤四位法力高深的菩萨拱卫于四周，清净庄严，十分殊胜。在佛教传说中，观音、地藏、文殊、普贤四大菩萨帮助释迦牟尼佛弘扬佛法，令无数众生同登快乐彼岸。悲、愿、智、行是四大菩萨之表征，观音表慈悲、地藏表愿力、文殊表智慧、普贤表行践。四大菩萨神情或慈悲或肃穆，栩栩如生，制作精细，质地坚密，晶莹如玉，釉面滋润似脂，营造了清净纯洁的供养空间，体现菩萨平和、亲切之相。

四大菩萨的创作者是中国陶瓷艺术大师、中国非物质文化遗产保护项目——德化瓷烧制技艺代表性传承人邱双炯先生。选用的材质是德化白瓷。盛产白瓷的福建德化不仅与景德镇并称为中国三大瓷都之一，同时也是世界手工艺组织评定的"世界陶瓷之都"，德化白瓷更被誉为"世界白瓷之母"。牛首山选择德化白瓷的原因有三：

一是硬度和白度。珍藏佛顶骨舍利的地宫是一处神圣清净之地，四大菩萨像需要用坚硬、纯洁、莹润的材质制作，长期护卫佛陀。福建德化境内戴云山盛产的火成岩瓷土，纯度高、杂质少，硅、铝两大元素含量分别超过60%和30%，制成的白瓷密度高、硬度大、白度好，且不会吸水或变质，在地宫保卫措施一流的条件下，可存放千年不朽。

二是承载佛教文化。陶瓷本身是泥，是人类文明的重要承载，但并非所有瓷窑都有因缘烧造成佛祖身边的菩萨。牛首山致力于打造佛教圣地、文化高地、艺术胜地，对瓷窑的工艺、历史、文化都有更独特的选择标准。德化历史上专门制作佛像，是承载佛教文化的瓷窑。清人蓝浦在关于陶瓷的相关记录中评价德化白瓷为"颇滋润、但体极厚，间有薄者，惟佛像殊佳"。

图 4-5　四大菩萨创作者邱双炯大师创作过程

图 4-6　观音菩萨　　图 4-7　地藏菩萨　　图 4-8　普贤菩萨　　图 4-9　文殊菩萨

三是国际化。德化白瓷被法国人赞誉为"中国白",他们认为这是"中国瓷器之上品"。德化获"世界陶瓷之都"的称号,是经过世界手工艺理事会专家组全票通过的。牛首山是世界级的项目,当以世界级工艺美术品相衬。

舍利藏宫的四尊菩萨高度之高、体量之大,是目前白瓷工艺品中前所未有的。整个制作流程包含 60 多道工序。烧瓷步骤是先有泥稿,再做模具,瓷浆倒入模具后烧制,最后脱模成型。其中佛像模型是其中关键的一步。为了集合国内最顶尖佛像工艺,牛首山专门邀请来自福建仙游的雕塑艺术大师林洪荣与邱双炯大师共同制作菩萨模型。林大师制作模型历时 3 个月,邱大师再从流派风格上对模型进行塑造完美,又历时 3 个月,力求精益求精,追求完美。

3）艺术品价格形成的特点

艺术品价格是对艺术家能力、素养和水平的一种价值认定。这种市场认定是以艺术作品为基础的，但却要受到社会发展水平、社会主流审美趣味、宣传方式等众多因素的影响，具有相对性和可变性。由于艺术家的劳动是一种复杂的创造性劳动，艺术品的价值就难以用"社会平均的劳动熟练程度和劳动强度"和"所需要的劳动时间"作为标准进行衡量。

艺术品的价格也是由市场的供求共同决定的。与普通商品不同的是，艺术品的供给相对固定，艺术品价格的确定主要由市场的需求决定，对艺术品的需求越大，价格表现就越高；需求越小，价格表现就越低。艺术家的知名度是市场产生需求的重要因素，艺术创作不可能大规模的生产决定了其供给的相对稳定，作品数量不会因艺术家的名气提升而大幅上升，但是需求却会因知名度的提升而迅速扩大。

宏观经济作为外部的一种力量对艺术品价格的形成产生作用，艺术家名气、尺寸、创作年代、题材以及艺术品供给量与艺术品稀缺度等这些内部因素，在艺术品价格形成机制中发挥了重要作用。通常而言，艺术品的价格可能会随着尺寸的增加而价格上升，艺术家名气越大，价格也越高，创作年代越久远价格也会越高。

4.5.4.2 造型苗木价格市场调研和分析

1）牛首山造型苗木调研和分析

牛首山文化旅游风景区作为世界佛教禅宗文化旅游胜地，景观绿化工程建设遍布整个牛首山，其施工范围之广、工期跨度之大、名贵苗木之多等特点有别于常规景观绿化项目建设。绿化工程投资额约4.65亿元，其中打造精品景观绿化工程投资额约为1.15亿元，绿化面积约12万平方米，主要施工区域为佛顶宫及周边、无忧门、佛顶寺以及牛头禅院区域。经市场调研可将造型苗木的价格影响因素归为以下四个方面：

（1）树种：目前市场上的造型树种主要有对节白蜡、罗汉松、黑松、五针松、羽毛枫、榔榆、红花檵木桩、枸骨老桩等，本工程中苗木价格较高的有日本罗汉松、原生态羽毛枫、造型泰山松，它们的共同特点是生长缓慢，寿命长，耐修剪造型，叶片细密翠绿，随着树龄的增加主干更显沧桑古朴，观叶观干效果好。

（2）树龄：通常景观造型树多以中、大规格树为主，本工程中罗汉松胸径达50～60厘米，树龄约为80～100年。一方面是由于树龄

图4-10 绿化工程示意图

越大,树相就越古朴苍劲,观赏价值也就越高;另一方面,树龄越大,树的量也就越少,物以稀为贵,进一步提升了价值空间。

(3)树相:树相是景观造型树的核心价值。一棵树的树相形成主要受到两个方面的影响:先天因素和后期人工艺术造型。先天因素指的是树木在生长过程中与各种自然因素相互抗衡和妥协的结果,具有不确定性,即使同一品种、同一树龄的树,其先天树相也会迥然不同,而这种差异会因树龄的增长而更加明显。后期人工艺术造型是指在树木先天条件的基础上,利用提根、嫁接、整形、蟠扎等技术手法,对其进行一系列的人为加工改造。本工程中的苗木如日本造型罗汉松、日本造型黄杨,是从日本进口而来,修剪手法也是沿袭着日本匠人的手法。先天形成的树相是后期造型加工的基础,专业人士会根据树木先天的树相和自己的经验判断其后期艺术造型的可塑性。如果说先天树相是自然形成的结果,那么后期的树相则与制作者的审美功底、制作技术和管护技巧息息相关。同一棵毛坯树会因制作者的技艺水平不同而在艺术价值和商品价值上产生巨大的差异。

(4)文化背景:佛教源于佛祖释迦牟尼,佛祖的生平可以用四棵树连接:降生于无忧树下、得道于菩提树下、涅槃于娑罗树下、弟子首次集结于七叶树下,这便构成了生生不息生机盎然的圣树文化。本工程中佛顶宫禅境大观内就种植小叶榕来代表菩提树,七叶树来代表无忧树,甚至用造型羽毛枫制作成舍利干造型树。这些植物因独特的形态被赋予了深厚的佛教内涵,也体现了景观施工单位深厚的佛教底蕴及高超的造园水平。

2）计价争议

（1）牛首山文化旅游项目使用大量精品苗和造型苗，但精品苗、造型苗价格如何确定。

（2）造型苗木价格争议的焦点问题是在特大树以及名贵树木的核价中，苗木主材价格，以及是否可以增加额外的种植及养护费用。

牛首山作为5A级景区，很多苗木都是造型苗木、名贵苗木，这些名贵苗木的栽植成活风险远大于常规苗木，一般都需要邀请有名的专家参与成活养护的指导。《江苏省仿古建筑与园林工程计价表》（2007）中明确说明不含胸径大于45厘米的特大树、名贵树木、古老树木起挖及种植。且古树名木、名贵苗木、植物造型等特殊养护要求所发生的费用不包含在定额范围内，若发生上述情况，经发包人同意，可双方协商解决，由合同确定。

3）造型苗木、精品苗木及名贵树种定价方案

（1）驻场人员市场询价和公司材价中心"速得询价"两步走

首先由驻场人员搜集造型苗木图片，形象地反映苗木长势情况及造型，并确认苗木胸径、蓬径、分支等量化的规格，整理成图片与苗木规格一一对应的表格，将该表格发给多家苗木供应商，由苗木供应商报价；同时将该表格发给公司材价中心，由"速得询价"后台专员同步询价，最终制订汇总表及对比表，对询价结果进行分析，根据多渠道的报价结果，对于同一品种苗木价格相差不大的，可考虑按多家报价的平均值核价，对于同一品种苗木价格相差很大的，作为争议价格，由建设单位组织各参建单位进行实地考察。

（2）制订"建筑材料/设备供应商考察表"

筛选有争议的苗木价格，形成"考察表"（见表4-2），由各地苗木供应商针对"考察表"中的各种苗木品种及规格进行报价；根据运距适当考虑运费，最终报出合理的价格，并填写"考察表"，盖章确认。

（3）实地考察

对于同一品种苗木价格相差很大的，作为争议价格，由建设单位牵头，捷宏咨询团队、监理单位等共同组织人员到精品苗木供应基地进行现场实地考察。为了更公平公正且更有说服力地进行核价，施工单位也一起参加考察。

经过几方共同讨论商定，根据苗木采购的地区以及苗圃地的规模，选择价格争议较大的苗木"日本造型罗汉松和造型泰山松"等进行考察。经参与单位共同讨论，选取了日本造型罗汉松和造型泰山松等精品苗木在国内供应量较大的地区——浙江金华和山东泰安进行考察。一行人员

表 4-2 建筑材料/设备供应商考察表

项目名称		南京牛首山文化旅游区一期工程			
建设单位		南京牛首山文化旅游发展有限公司			
考察建筑材料或设备供应商名称				考察时间	
建筑材料或设备供应商基本情况	企业名称		成立时间	注册资本	
	办公地址		法定代表	资质	
	生产厂址		工厂规模	现有人员	
	主营产品		主营品牌	经营模式	
	生产能力		产品质量	履约能力	
	质保体系		代表荣誉	售后服务	
	行业排名		供销情况	网址	
	厂家联系人		电话和手机	传真	
	其他说明				
材料报价考察情况	材料（设备）名称	规格型号	单位	单价/元	备注
	造型泰山松（地生双杆式）	D22、14H260P450	株		
	造型罗汉松（直立式）	D21H300P290	株		
	造型罗汉松（斜杆式）	D24H440P520	株		
考察综合意见					

图 4-11　专家的考察活动

到达后，我们先大致了解了该地区的苗木品种供应情况，随后根据需要考察的苗木品种寻找了三家供应单位，由当地苗木供应商带领考察团队先参观苗圃。（图 4-11）

供应商对同品种不同造型的苗木价格进行对比，对同品种不同规格的苗木价格进行对比，对同品种不同时期的苗木价格进行对比，对稀有品种与常见品种的苗木价格进行对比，让考察人员在不同角度了解苗木价格，了解市场行情，了解价格趋势，做到心中有数。在考察团队对供应单位的规模、苗木品种、苗木质量、造型以及价位情况等均有了基本了解之后，让供应商有针对性地对项目要求的苗木品种进行报价。精品苗木一般都是一树一价，根据不同的树龄、造型，价格均不相同。将考察信息整理和分析后，我们将考察过报价的三家供应商价格进行对比，同一规格的苗木筛选出最低价作为最终的核价。（图 4-12）

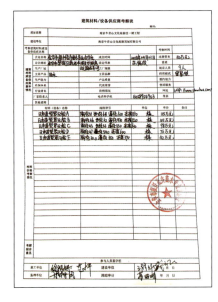
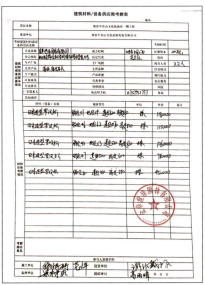

图 4-12　供应商考察表

4.5.4.3 景观石、印尼菠萝格座椅市场调研与分析

景观石、印尼菠萝格座椅等物资市场上品种很多，价格差异也很大，借助于公司速得询价APP对这些特殊物资进行询价，同时专业询价师会根据市场调研情况和工程要求提出合理化建议，以此来保障景观石、印尼菠萝格座椅等采购工作的科学合理，价格的公开透明。

1）景观石

景观石是园林景观中起到点缀、美化作用的自身具有一定美感的石头，也称为园林石、风景石、观赏石，种类较多，常见的有灵璧石、太湖石、英石、昆石、泰山石、太行石、黄蜡石等，其价值主要取决于：一看总貌、二看造型、三看纹理、四看色彩、五看质地、六看珍奇。景观石实际上包括假山和置石两部分。假山以造景游览为主要目的，充分地结合其他多方面的功能作用，以土、石等为材料，以自然山水为蓝本并加以艺术的提炼和夸张，用人工再造的山水景物；置石则是以山石为材料作独立性或附属性的造景布置，主要表现山石的个体美或局部的组合，而不具备完整的山体。

本项目为碑记景观石，在分类中属于置石部分，无须与其他小景进行搭配，故造型要求浑然天成、质地圆润、颜色厚重、体积大，为园林运用中典型的孤赏石景，对石材主体本身要求较高，表面不能存在破损、凹陷，例如空心响石、千层石、太湖石等都不适合，且因其表面需要做工艺处理，故石体表面需平整圆润，颜色不能过暗，故结合本项目特点及体量需求，推荐使用太行石整石。其表面的工艺部分根据该项目的定位需求推荐石体人工錾刻的文字处理部分进行双钩描字、镂刻、描金工艺。

捷宏咨询团队制作了碑记景观石（图4-13）询价单对其进行询价，并对景观石的加工、安装费等都做出了详细的测算，详见表4-3。

图4-13 碑记景观石

表 4-3 南京牛首山碑记景观石询价单

序号	费用组成	项目名称	项目特征 / 工艺描述	单价 / 元
1	景观石（太行石）材料费	原材料费	长 10.5 米，高 2.7 米，厚 1.4 米	300 000
		损耗	请根据图纸自行测算	75 000
		运费	1. 场内、施工现场上下力费； 2. 加工厂至施工现场运输费用； 3. 场内倒运	150 000
2	加工费	材料加工费（切割等）	石材切割：1.75 米 ×2.6 米 ×0.5 米，共 6 块；横向截面整切后局部分块	50 000
		刻字	双钩描字、镂刻、描金；文字处理范围约 19.5 平方米；计 630 字左右；字大 12 厘米见方；手工錾刻	80 000
3	现场安装费	现场安装费	1. 完成所需石材约 5.8 吨重量，现场不具备吊装条件，需人工安装； 2. 基座连接处理（基础开槽、水平调整、固定）； 3. 背面缝隙防渗漏处理； 4. 6 块碑记背面一体化连接处理； 5. 与山体混凝土连接处理（制作摩岩石刻山体、碎石一体化处理）； 6. 正面局部破损、字脱金修补，局部防水修补； 7. 正面缝隙美化； 8. 现场环境清理	150 000
4	1—3 项合计		（1）+（2）+（3）	805 000
5	管理费		（4）×3.5%	28 175
6	税金		［（4）+（5）］×4%	33 327
7	4—6 项合计		（4）+（5）+（6）	866 502

2）印尼菠萝格座椅

（1）印尼菠萝格木材市场调研

户外用木材一般有耐潮湿、耐日晒、耐温差、防开裂、防虫蛀、防变形等多种要求。牛首山文化旅游项目中需要设置大量木质室外休息座椅。经调研分析可知，印尼菠萝格一般指印茄，分布于东南亚及太平洋群岛，从印尼、马来西亚进口量很大；该木材具有密度大、材性稳定、强度高、尺寸稳定性好、芯材耐久、含油、天然防腐防虫和抗潮抗白蚁性极强等优点,是户外家具、扶手楼梯、亭台楼阁和木质建筑的重要用材树种,也是红木家具的替代品。(图 4-14)

(2)原材核价过程

对于印尼菠萝格原材的价格,施工单位送审单价达 18 500 元/立方米左右,而捷宏咨询服务团队的初审单价为 11 000 元/立方米,本项目总用量达 575 立方米,因此双方对此项价格争议比较大,最后经建设单位审计部门同意,并报建设单位领导批准后,由建设单位相关部门、捷宏咨询团队、监理单位、总包单位、分包单位对其价格市场进行了调研,最终确定选择三家企业进行考察,三家企业根据我方提供的信息,考虑到规格信息、付款条件、工程性质和现场运输条件从而报出合理的价格。

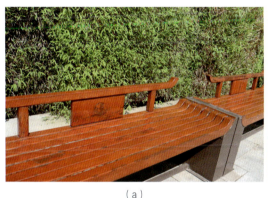
(a)

(b)

图 4-14 印尼菠萝格座椅

表 4-4 菠萝格报价分析表(综合报价)

企业名称	材料到岸单价/(元/立方米)	损耗率/%	蒸干去脂费用/(元/立方米)	运费/(元/立方米)	开票税率/%	单价合计/(元/立方米)	备注
苏州高新区通林	14 000	6	600	100	6	16 472	所有木材送至苏州加工厂进行加工,成品后运至南京安装。(以上综合单价未包含木材运至苏州的卸料费、苏州到南京的运费及装卸费用。)合计运费:(350~450)元/立方米
上海锦祁	17 500	已包含在报价中	500	200	5	19 110	
上海竑森	11 500	10	500	200	5	14 017	

表 4-5　考察企业规模、生产能力、现场感官

企业名称	企业规模	生产能力	现场感官	现场木料情况	综合排名
苏州高新区通林	大	强	设备齐全，厂房完善，环境整洁，专业性强	充足	1
上海锦祁	很大	一般	有较强的专业性，环境整洁	一般	3
上海竑森	很大	强	规模宏大，专业性强	充足	2

最终，我们在综合考虑多方考察的结果以及各家实力排名的情况下（见表 4-4、表 4-5），将印尼菠萝格单价定为 15 000 元 / 立方米，节省了投资 3 500 元 / 立方米，节省总投资达 201 万元。

4.5.4.4　石材浮雕市场调研及价格分析

1）牛首山石材浮雕市场调研

南京牛首山室内、室外装饰采用了大量异形雕刻的石材饰面的浮雕，如菩提门、无忧门等。石材加工过程较为复杂，从石材的开采到雕刻，再到现场安装，每一个环节都需重点关注，其中一楼菩提门为了保证 56 个门洞效果一致，甚至需要组织包山开采。而牛首山文化旅游项目的特殊性和南方的气候特点也对石雕外饰设计及施工提出了特殊的要求，具体表现在以下几个方面：

（1）由于宗教文化内涵的特殊要求，建筑外观效果上，石雕外饰墙面需要有加厚、加大及多种三维雕刻纹样的异形造型。

图 4-15　石材的开采

图 4-16　石材坯料

（2）需防止潮湿气候环境对构件的侵蚀。

（3）需有艺术大师对每层花饰雕刻等细节进行现场监制及严格把关。

（4）单体石材偏厚、偏重、造型复杂、安装难度较大，要反复校对、检查每层每块石雕组合拼装，需要具备类似工程的施工经验。

图 4-17 石材粗加工

图 4-18 石材精雕

图 4-19 石材打磨抛光

图 4-20 石材运输

图 4-21 牛首山石雕

2）石材单价影响因素

（1）石材的产地：本项目中菩提门等室外主要部位石材采用黄金麻，湖北和山东是黄金麻材料的盛产之地；由于地域不同，两地黄金麻的价格不一，山东黄金麻原料单价约3 000元/立方米，湖北黄金麻原料单价约4 000～5 000元/立方米。

（2）厂家综合能力：由于该工程工期紧、任务重、雕刻复杂，在选择供应厂家时需对仓储能力、设备生产能力、生产规模、信誉业绩进行调研。由于项目的特殊性，需选择综合实力较强的供应厂家，而此类厂家考虑的利润和管理费相对于小规模企业较高。

（3）石材的出材率：由于每个雕刻尺寸不一，所以需要的石材荒料不一，雕刻石材的单价随着出材率降低而增加，一般浮雕石材的出材率为60%。

（4）材料的付款方式：由于该工程工期紧、任务重，建设单位与施工单位签订合同条款，进度款支付比例为60%。根据目前的市场行情，所有材料供应商基本要求货到付全款，否则谈定单价比平常价格高出10%～20%。

（5）供货周期：由于该工程工期紧、任务重、雕刻复杂，材料供应商的供货周期为20～30天，这就需要供应厂家投入大量的资源或强强联合。增加投入或强强联合会增加加工成本。

（6）雕刻工程的技术水平：雕刻工人的雕刻水平是影响浮雕效果的直接因素，经市场调研，雕刻水平在中上等的雕刻工人的日平均工资约为（800～1 000）元/工日，雕刻水平一般的雕刻工人的日平均工资约为（400～600）元/工日，雕刻技工的选择直接影响材料的成本。

（7）政治环境：全国环境整治导致山体封矿，此期间的成本比平常高出20%～30%左右。

3）特级黄金麻石材栏杆单价测算过程

黄金麻石材是由天然文化石经过再加工制成的，黄金麻的结构致密、质地坚硬、耐酸碱，可在室外长期使用；黄金麻装饰效果庄重富贵，金碧辉煌，使建筑物显得古朴自然、庄严豪华。佛顶宫周边广场栏杆采用大量特级黄金麻，数量多，报出的价格对总投资影响较大，因此捷宏咨询团队重点针对这一石材进行了单价测算。

（1）报价过程及情况说明

中建八局分包单位鼎立公司上报佛顶宫周边广场特级黄金麻石材栏杆报价为 5 520 元／米，并提供报价明细，以上价格包含原材料费用、切割费用、雕刻费、包装运输费、利润和税金。

（2）询价、考察过程及情况说明

① 询价：根据报价明细和经设计单位确认的石材栏杆施工图纸，捷宏咨询团队进行询价，其中两家厂家报价为：山东嘉祥县传承石雕厂报价为 3 118 元／米，福建泉州市九龙星石材有限公司报价为 1 576 元／米。

② 考察：因鼎立的报价与市场询价差距较大，考虑到雕刻水平差异、厂家规模等情况，为慎重起见，由建设单位牵头，组织建设单位相关部门、咨询服务团队和监理单位成立考察小组，针对两个厂家进行考察。根据考察小组带去的特级黄金麻石材小样和现场样板段栏杆多方位照片，福建泉州市九龙星石材有限公司调整报价为 2 649 元／米。山东嘉祥县传承石雕厂提供了加工厂和现场雕刻的产品等照片，该厂家坚持原报价 3 118 元／米。但是，考察小组一致认为：山东嘉祥县传承石雕厂和泉州市九龙星石材有限公司两家厂家规模较小，无大型石材雕刻工程案例，厂内现有的石材样品做工一般、雕刻精细度不够，经过详细沟通后，两家厂家表示暂时均无石材现货备料，无法满足节点工期要求。

而鼎立公司实力较强，特级黄金麻石材备货充足，能满足工期要求，且有自己的专业设计团队，厂内工人的雕刻水平精湛，有大型雕刻石材项目的案例。

（3）考察小组核价建议

根据考察情况及市场行情，考察小组实际测算后，建议佛顶宫周边广场特级黄金麻石材栏杆核价为 3 300 元／米（包含原材料费用、切割费用、雕刻费、包装运输费、利润和税金）。

具体测算明细如表 4-6：

表 4-6　特级黄金麻石材栏杆测算表

序号	组成明细	工程量	单位	单价/(元/米)	合计/元	备注
一	材料价格				3 000	
1	原材料费用	1	米	850	850	
2	切割、倒边、磨边等加工费用	1	米	250	250	
3	雕刻费用（含一次雕刻、二次雕刻）	1	米	1 500	1 500	雕刻3米长的栏杆样板段实际消耗人工6～8工日，折算后：每米消耗人工量为2～2.67工日。综合此项目的复杂性及其他因素，每米消耗人工按2.5工日计算计入，雕刻工市场工资为600元/工日，雕刻费用合计：2.5工日/米×600元/工日=1 500元/米。
4	包装运输费	1	米	230	230	
5	税金	(1+2+3+4)×6%			170	按6%计取
二	利润（10%）	（一）×10%			300	
三	总计	（一）+（二）			3 300	单位：元/米

根据询价、考察和测算结果，建设单位和捷宏咨询团队组成谈判小组与鼎立公司谈判，经谈判鼎立公司同意按3 600元/米承接。

5 文化产业建设项目施工阶段投资管理与实践

工程项目实施阶段是将建设项目由图纸转化为现实的过程，对于文化产业建设项目来说，施工阶段是文化产业建设项目实体形成的阶段，也是主要建设投资实施和容易造成偏离的阶段。开展文化产业建设项目施工阶段投资管理，首先要明确投资管理目标，采用补充定额法、工作分析法、新技术等投资控制方法，在施工前做好资金使用计划，在施工过程中做好工程变更、索赔、签证及进度款申请支付管理，将实际工程造价与投资计划进行动态比较，及时控制工程费用支出。

5.1 施工阶段投资管理策划

施工阶段是实现建设工程价值的主要阶段。虽然此阶段对工程总造价的影响较小，约为5%~10%，但是建设项目的绝大部分投资支出都发生在这个阶段。此外，由于建筑生产与管理有许多独特的技术经济特点，建设单位、施工单位、监理单位、设备材料供应商等相关建设参与方又拥有不同的利益诉求，施工阶段投资管理是一个需要协调多方利益的复杂而敏感的工作。因此施工阶段投资管理也是建设项目投资管理的中心环节。

文化产业建设项目施工现场环境因素复杂，不可预见因素多，施工周期长，影响因素多，材料价格不可预期，所以施工阶段投资管理的任务也十分艰巨。做好施工阶段投资管理策划，有助于在施工过程中更好地把控投资支出。文化产业建设项目施工阶段投资管理的流程如图5-1所示：

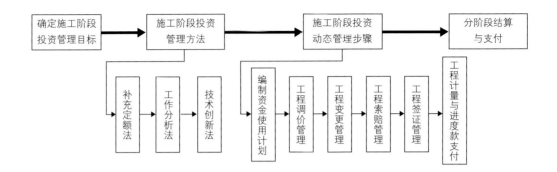

图 5-1 文化产业建设项目施工阶段投资管理的流程

5.1.1 施工阶段投资管理目标

工程施工阶段成本管理的目标是以设计概算作为投资控制目标计划值控制工程实际费用的支出，并运用"事前预警、事中控制、事后审核"动态的造价咨询方法，在工程实施各阶段对造价进行跟踪、分析、纠偏和综合调控，达到"动态的、全方位、全过程"控制造价的目标。

（1）控制工程实际费用支出

投资主要是由项目的决策阶段和设计阶段所决定的，施工阶段对工程项目投资的影响相对较小，但施工阶段是资金大量投入的阶段，其投资控制的任务不同于承包单位控制成本，而是在形成合理的造价的基础上，着力控制可能产生的新增工程费用甚至降低工程费用，达到对工程实际投资的控制。

文化产业建设项目施工阶段投资管理的基本原理是把计划投资额作为投资控制的目标值，以设计概算作为投资控制目标计划值，在工程施工过程中定期地进行投资实际值同目标值的比较；通过比较发现并找出实际支出额与投资控制目标值之间的偏差，然后分析产生偏差的原因，并采取有效措施加以控制，控制工程实际费用的支出，保证投资控制目标的实现。这对管好用好建设资金，提高投资效益有着十分重要的意义。

（2）加强造价动态管理，提升经济效益

对建筑工程的整体建设而言，工程施工过程这一阶段是其中最为复杂的阶段，也是整个工程之中投入最多的阶段。此阶段涉及的方面较多，且极易发生突发性问题，从而难以进行有效的管理与控制。建设项目投资动态管理是指对建设项目投资进行全面的、系统的、科学的、有效的

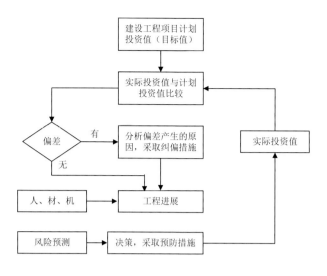

图 5-2　动态投资控制原理图

管理，其原理图如图 5-2 所示。

文化产业建设项目工程体量大，涉及的专业众多，由于艺术效果要求，施工过程中采取了很多新工艺、新材料、新技术，同时在施工过程中会出现各种不可控的因素。施工过程中的变更情况是无法避免的，需加强工程变更管理、索赔管理、签证管理，使工程造价的动态管理贯穿于施工项目的全过程，这样才能有效控制项目建设投资。

5.1.2　施工阶段成本管理主要工作

文化产业建设项目施工阶段成本管理的流程及工作主要包括：

（1）在工程招标、设备采购的基础上对项目施工阶段投资目标进行详细的分析、论证；

（2）编制施工阶段各年、季、月度资金使用计划，并控制其执行；

（3）审核各类工程付款和材料设备采购款的支付申请；

（4）组织重大项目施工方案的科研、技术经济比较和论证；

（5）加强工程变更和签证管理，审核和处理各项施工费用索赔事宜；

（6）对投资进行动态控制，定期进行投资计划值与实际值的比较，并完成各种投资控制报表和报告；

（7）新工艺、新材料价格的合理确定；

（8）调价节点的确认，包括人工、材料调差节点；

（9）工程投资目标风险分析，防范对策制订。

5.2 施工阶段投资控制的难点与挑战

文化产业建设项目在施工过程中为了保证项目空间和造型上的整体艺术效果，采用大量现代技术与传统工艺相结合的技术，其间必然会带来大量新材料、新工艺、新技术的引进，再加上项目质量要求高、施工难度大等等，现有计价定额和信息价等依据均已无法满足此类项目工程造价确定的要求，这些都大大地提升了施工阶段造价控制的难度。

5.2.1 施工环境受限

文化产业建设项目大多是根据当地的文化背景依靠天然地势和自然环境建造而成，在布局上非常讲究与周围环境空间的融合来营造自然与建筑的和谐。特定施工环境下施工必然造成施工条件受限，导致人工消耗量远超常规项目，这些都加大了文化产业建设项目造价控制的难度。

5.2.2 施工工艺特殊

文化产业建设项目属于有特定用途、特定功能的文化建筑，这类项目包含了当地传统地域文化、民俗文化以及宗教文化的设计理念，所以它的建设既有专业要求，也有文化内涵要求。为了保证空间设计上的艺术效果，施工技术上会大量运用大跨度钢结构、预应力混凝土结构、重型幕墙结构；为了弘扬建筑文化底蕴，装饰装修内容较为复杂，内外装饰需大量采用复杂的施工工艺，例如以宗教图案为主要造型的石材、木雕、琉璃干挂工艺、敦煌壁画彩绘技术等。这些复杂特殊的施工工艺技术难度较大，市场技术工供应不足，人工工资涨幅大，不利于造价控制。

5.2.3 现有定额不适用

文化产业建设项目是现代建筑与传统工艺的结合，施工过程中需要保证设计师的设计理念和艺术效果；同时大量采用新工艺、新材料、新技术与传统工艺相结合，创造出了层出不穷的新型施工方法，现有的定额和信息价已无法满足要求，从而造成核价争议大，谈判难度大，难以达成一致意见。

5.3 施工阶段投资控制方法

文化产业建设项目施工投资管理可以通过5S管理来维持施工整体现场和具体工作面的干净、整洁、有序和高效；利用并行工程法和团队合作可有效协调质量、成本、工期三者的关系，使设计、采购、施工同步进行，以保障工期，提高质量。由于文化产业建设项目工程体量大，涉及的专业众多，部分艺术构件及装饰工程采用的施工工艺特殊，其施工阶段面临诸多不可预见的因素，因此补充定额法、工作分析法、新技术等方法的应用能够带来更好的投资控制效果。本节主要介绍在文化产业建设项目施工阶段值得重视的三种工程造价合理的确定方法。

5.3.1 定额测定原理及补充定额法

文化产业建设项目设计新颖，工艺复杂，新材料、新技术、新工艺的使用较多，传统的工程预算定额往往不能满足需求，常需要现场测定工料并编制一次性补充定额才能满足投资管理的要求。一次性补充定额的编制主要有以下几种方法：

1）进行工程施工试验，实际测量人工、材料、机械消耗量水平；

2）参照有同类人工、材料、机械的项目，对其消耗量进行调整，形成补充定额；

3）参照、借用其他省市、部委或专业工程的定额。

进行工程施工试验是编制补充定额最准确的方法，要有经验的施工人员、技术人员、工程造价工程师等共同参加，但周期较长，投入大。在牛首山文化旅游项目桩基工程中，采用超大直径冲击钻孔桩，设计的桩径超出定额范围。为了不影响施工进度，避免后期结算工作中的争议，捷宏咨询团队会同建设单位、监理单位和施工单位达成协议，现场测算抗滑桩的人、材、机消耗量，并编制此项目的桩基定额。

当有同类工程可以参照时，参照其他行业或专业现有定额本身已有的子目编制补充定额，如牛首山支护工程在计量、计价中无法按现行的《江苏省建筑与装饰工程计价表》（2004）的相应子目计取。通过对国家现有其他行业定额的查找，再对比现场实测工料消耗，多方认为国家交通公路工程定额站编制的《公路工程预算定额》（JTG/T B06-02—2007）中"5-1-9预应力锚索护坡"适合本支护工程计价。

除此之外，对于一些新工艺、新材料的使用，当不具备编制补充定额条件时，也可采用现场实测实量、多方协商的方式确定价款。例如牛首山佛顶宫彩绘工程，艺术性较高且无相关计价文件，最后以无锡灵山彩绘单价为依据并结合《2014 中国当代书画名家润格表》，综合考虑物价上涨、施工条件、工期等因素，确定彩绘单价。

5.3.2　工作分析法

工作分析法是指对某项工作诸特性及与该工作有关的事项进行分析并收集有关资料。其包括两部分：一是正确描述工作的内容和实质，如分析工作性质、范围、难易程度、工作程序、所包含的工序、使用的工具材料及所负的责任等；二是分析并确定执行此项工作的人应具备的能力、知识、技能、经验等资格条件。

文化产业建设项目涉及的专业广泛，工作种类众多，因此只有在施工阶段进行有效的投资控制，才能提升施工工作效率。在施工阶段首先要进行工作分析，对施工的性质、具体施工工艺、所需的材料和设备进行预先分析和确定。

5.3.3　数字化技术赋能

牛首山文化旅游项目因特殊的施工条件和特殊的施工工艺，常规的计量计价方法已不能满足要求，捷宏咨询团队在项目实施过程中采用多种新技术新工具，如采用"基于无人机倾斜摄影的 BIM 技术"进行矿坑土方测绘，采用 VR（虚拟现实）技术进行实景模拟和计量。

由于牛首山文化旅游项目建设是在矿坑中，传统的土石方测算方法已不能满足地势起伏较大、地形地貌复杂的土石方工程。基于无人机倾斜摄影的 BIM 技术由于其自身测量、计算精度高、数据计算快捷、综合成本低等特点，为适应复杂土石方工程量的测量开辟了一条崭新的途径。

牛首山文化旅游项目工期紧，工作面多，如何实时记录内装工程施工情况，靠增加驻场人员已无法解决这个问题；在精装修工程大面铺开施工期间，咨询团队利用 VR 技术实时记录现场施工情况，为计量计价提供所依据的资料。

5.4 建设项目投资动态管理

5.4.1 项目资金使用计划编制

为了高效利用建设资金，及时支付工程进度款，在项目实施前，应根据施工合同、经批准的施工组织设计及施工进度计划，编制与计划工期、预付款支付时间、进度款支付节点、竣工结算支付节点等相符的项目资金使用计划表。项目资金使用计划表的具体编制范围应按照合同的约定。

同时，项目资金使用计划表应根据工程量变化、工期、建设单位资金情况等定期或适时调整。由于文化产业建设项目施工过程复杂，投资金额巨大，且在施工过程中通常会出现没有相关定额可以直接套用的新工艺，需要采取多种方法编制补充定额来确定最终造价，导致定价过程时间长。因此在编制项目资金使用计划表时通常面临支付节点难以把控的问题，需要根据实际施工进度、资金使用情况作适时调整。

5.4.2 工程调价管理

工程调价包括两方面：一是市场价格波动引起的调整；二是法律变化引起的调整。

文化产业类项目因施工合同履行的时间较长，合同履行过程中经常出现人工、材料、工程设备和机械台班等市场价格起伏或法律变化引起价格波动的现象。为确保工程质量，维护合同履约方的合法权益，合理幅度内的材料涨跌风险由承包人承担或受益，超出合理幅度范围外的价格风险由发包人承担或受益。价格调整条款必须在合同中进行约定，并建议风险合理分担。项目实施过程中严格按合同约定执行调差，并实时确认调差节点。

5.4.3 工程变更管理

工程变更是指合同工程实施过程中由发包人提出或由承包人提出经发包人批准的合同工程中任何一项工作的增、减、取消或施工工艺、顺序、时间的改变，设计图纸的修改，施工条件的改变，招标工程量清单

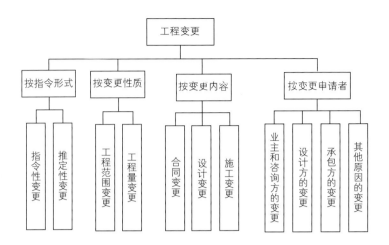

图 5-3 工程变更的分类

的错、漏从而引起合同条件的改变或工程量的增减变化。按照不同的划分标准，工程变更可以有不同的分类方法，如图 5-3 所示。

文化产业建设项目的特殊性，可能会产生其他特殊的变更，例如由于受到设计师理念的主导，为达到设计效果通常尝试采用不同施工工艺，进而产生工程造价的变化。对于文化产业项目来说，施工工序衔接紧密，关联性大，工程变更势必会造成施工工期和工程造价的调整，不但表现在工程变更本身直接发生的费用和施工工期的补偿，而且还间接地影响其他没有工程变更的工序或工作的顺利实施。如在牛首山文化旅游项目中，因施工条件特殊和艺术效果要求高，项目实施过程中采取了一系列新工艺、新材料。

咨询服务过程中，项目组收到工程变更后，首先检查变更的有效性、合规性、合法性，是否是在规定的期限内严格按照规定流程进行变更申请，所有变更必须做到"先论证，后实施"。对于影响造价较大的设计变更，运用价值工程进行分析，以降低成本、提高使用功能为宗旨，提出合理的建议供建设单位参考。变更方案确认后再审核因工程变更引起的价款调整，审查工程量、单价及取费是否符合招投标等有关文件和合同的规定。对于出入较大的工程量、单价及新材料、新工艺等无定额子目可套用的议价项目，要及时会同建设方、施工方共同确定，杜绝事后扯皮现象的发生。

5.4.4 工程索赔管理

工程索赔是指当事人在合同履行过程中，合同一方因对方不履行合同或者不适当履行合同，或者因不可归责于自己的原因遭受损失时，根据法律、合同文件及惯例向对方提出利益补偿和（或）工期顺延要求的行为。从某种意义上讲，工程索赔是一种承包合同双方风险费用的转移或再分配，使承包合同的风险分担程度趋于合理。施工现场条件、气候条件的变化，施工进度、物价的变化，以及合同条款、规范、标准文件和施工图纸的变更、差异、延误等因素的影响，使得工程承包中不可避免地出现索赔。工程索赔按照不同的划分标准，可以有不同的分类，如图 5-4 所示。

工程索赔在文化产业项目施工过程中不可避免，文化产业建设项目涉及的专业种类多，相关利益方众多，索赔涉及的相关各方矛盾比较尖锐，难以达成一致意见，因此，在项目实施过程中，应对工程变更加强管理，及时处理，尽量控制工程变更产生的影响、工程索赔的发生量并减少它们对项目的影响。

咨询服务过程中收到工程索赔费用申请报告后，必须以合同为依据，协调工程中对合同条款之争议；除了根据合同提供争议事项的意见外，还需结合实际提供解决争议的方案和建议。在施工合同约定的期限内予以审核，并出具工程索赔费用审核报告，或要求申请人进一步补充索赔理由和依据。实施包括对总包方、指定分包方和指定供应商的索赔或反索赔，保护甲方的利益不受损害。

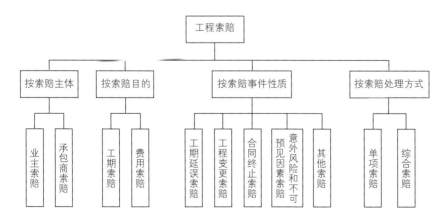

图 5-4 工程索赔的分类

5.4.5　工程签证管理

工程签证是指在施工合同履行过程中，承发包双方根据合同的约定，就合同价款之外的费用补偿、工期顺延以及因各种原因造成的损失赔偿达成的补充协议。工程施工签证内容不清楚、程序不规范、责权不清等，是造成工程结算扯皮、工程造价不能得到有效控制的重要原因。特别是国有投资工程，发包人要切实加强对施工过程中变更签证的管理，应在合同专用条款中约定有效工程变更签证的认定原则，明确工程变更签证的审批程序，指定变更签证金额有误差时的审批人。没有约定的，签证单上必须有发包人代表、监理工程师、承包人代表三方的签字和盖章，方可作为竣工结算的依据。同时，签证单上必须明确签证的原因、位置、尺寸、数量、材料、人工、机械台班、价格和签证时间等。

造价工程师应加强对工程签证的现场监督，控制虚假签证，从源头上防止舞弊。对于隐蔽工程的签证，要求施工方在提交隐蔽工程的签证时必须提供详尽的原始资料及完整的工程量计算书，同时深入施工现场，采取摄像、拍照等方法收集相关资料，及时复核隐蔽工程工程量，杜绝事后扯皮现象的发生。

同时要求，在工程签证确认前，对工程签证可能引起的费用变化提出建议，并应根据施工合同的约定，对有效的工程签证进行审核，计算工程签证引起的费用变化，计入当期工程造价。对工程签证等认为签署不明或有疑义时，可要求施工单位与建设单位或咨询单位进行澄清。

5.4.6　工程计量与进度款支付管理

工程进度款计量是指承包人在施工过程中，根据实际完成的分部分项工程数量计算各项费用，向发包人办理工程支付。工程进度款计量是履行施工合同过程中的经常性工作，具体的支付时间、方式和数额等都应在施工合同中做出约定。应根据工程施工或采购合同中有关工程计量的周期、时间及进度款支付时间等约定，审核工程计量报告与工程进度款支付申请，避免超越合同约定提前受理。

工程计量和进度款支付通常有两种方式：一种是按形象进度支付；另一种是按已完工程量支付。资金是保证项目顺利推进的前提，文化产业类项目因体量大，工期紧，为了利于工程的顺利推进，建议采用每月按已完工程量计量。

5.5 牛首山文化旅游项目施工阶段投资管理实践与启示

牛首山文化旅游项目定位高、结构复杂、施工环境受限,同时,工程建设内容涉及古建工程及佛教传统文化的特殊要求,装饰装修工艺复杂,材料品种繁多。又因牛首山文化旅游项目要求工期紧,无法在全部施工图设计完成后再实行招标,所以本项目为了抢工期,在初步设计阶段通过模拟清单的方式进行招标。项目实施过程中因施工条件的特殊性和设计效果的高要求,采用了大量新工艺、新材料。此类新工艺、新材料价格的确定已超出现行计价依据的范围,必须通过现场测定人、材、机消耗量和市场询价的方式确定造价。造价的合理确定是实施阶段计量支付、变更管理、签证管理、价款结算等各项工作开展的基础。捷宏咨询团队在咨询服务过程中对新工艺、新材料均采用现场实测并结合市场询价的方式合理确定造价,测定思路和方法均按江苏省定额测定原则进行,部分测定结果已形成江苏省补充定额。下面分析废弃矿坑超高边坡加固治理及修复、大跨度异形曲面铝合金结构体系、古建筑艺术构件等相关工艺造价确定的过程和探索的思路。

5.5.1 牛首山废弃矿坑超高边坡加固治理及生态修复相关施工工艺与计价分析

南京牛首山佛顶宫工程是国内首个废弃矿坑内建造的大型佛教建筑,工程质量要求高、施工难度大。其中,超高边坡治理及生态恢复是工程的难点之一,边坡最大深度为150米,最大坡度为70度,而边坡加固既要保证施工期安全及稳定性,又要保证临近古建文物安全。此项目地处著名景区,边坡加固后,绿化、生态恢复覆绿、景观小品营造,以及艺术构造与施工难度大。因此采用生态修复关键技术,实现矿坑治理,确保工程质量。

5.5.1.1 超大直径冲击钻孔桩施工工艺与计价分析

1)工程概况

牛首山景区道路滑坡体位于牛首山主峰的西面,坡体后缘标高约

图 5-5　牛首山景区道路滑坡体现场情况

162 米，后缘宽约 60 米；滑坡前缘标高 70～100 米，坡体前缘宽度约 180 米；整个坡体高差约 62～92 米，坡长约 240 米，坡体整体坡度约 15～20 度，呈现中后部较陡，坡度在 30～40 度左右，前缘坡度较缓，坡度约 10～20 度。该坡体面积约 364 平方米，滑坡主滑方向为 250 度。

为了确保牛首山景区道路滑坡体内的道路和施工建设用地的安全营运和施工，需要对牛首山景区道路滑坡地质灾害进一步进行治理。根据设计要求：在道路右侧缓坡面上设一排（27 根）预应力锚索抗滑桩，桩长 30～40 米。抗滑桩采用机械成孔，其为顶部截面尺寸 3 米×3 米、长 3.6 米的方桩，下部为直径 3 米的圆形钻孔灌注桩。抗滑桩间距为 5 米，桩底进入中风化层不小于 3 米；距桩顶 0.75 米和 1.5 米处各设一道压力分散型预应力锚索，锚索采用 10φ15.2 毫米钢绞线，锚索孔径 φ175 毫米，锚索进入中风化岩层深度不小于 16 米，锚索锚固长度为 15 米，第一道锚索孔下倾角 20 度，第二道锚索下倾角 30 度。

2）施工工艺

本项目桩基主要为抗滑桩（钻孔灌注桩），桩径为 φ3 000 毫米，桩长（含桩顶方桩）30~40 米。由于施工现场场地狭小，设计桩径较大，土层结构较为复杂，穿透的岩层较厚，不利于大型钻机（GPS-30，

图 5-6 高压旋喷桩布置位置图

KP3500 型）的施工，根据设计要求和现场工期要求采用简易冲击成孔施工工艺，同时为确保混凝土灌注桩的成孔质量，决定在工程桩外围设置一圈直径 800 毫米、搭接长度为 200 毫米的封闭式高压旋喷桩，代替钻孔桩施工时跟进护壁钢管阻止钻孔桩施工时浆液的渗漏，旋喷桩桩长应进入强风化 1 000 毫米。具体布置情况见图 5-6。

3）定额与现场实际的区别

本工程采用固定单价合同，但此项为合同外新增，新增单价确定的方式是根据当时的《建设工程工程量清单计价规范》（GB 50500-2008）、《江苏省建筑与装饰工程计价表》（2004）、《江苏省安装工程计价表》（2004）、《江苏省市政工程计价表》（2004）及有关部门发布的现行预结算文件及政策性调整文件按实结算。图纸设计 29 根抗滑桩，桩径为 3 米，但 2004 年市政计价表中冲击式钻机钻孔最大直径为 1.5 米，设计的桩径超出定额范围。为了不影响施工进度、避免后期结算工作中的争议，建设单位、监理单位、捷宏咨询团队与施工单位达成协议，现场测算抗滑桩的人、材、机消耗量，并编制此项目的桩基补充定额。

4）计价分析过程

经查阅《江苏省市政工程计价表》（2004）第三册桥涵工程有冲击式钻机钻孔施工定额，如 3-195 冲击式钻机钻孔 $\phi \leqslant 1\,500$ 毫米、$H \leqslant 40$ 米砾石、3-197 冲击式钻机钻孔 $\phi \leqslant 1\,500$ 毫米、$H \leqslant 40$ 米软石，3-199 冲击式钻机钻孔 $\phi \leqslant 1\,500$ 毫米、$H \leqslant 40$ 米坚石等。通过对以上定额适用的桩径大小及人工机械消耗量分析，仅按体积比直径 3 米桩是直径 1.5 米桩的 4 倍。虽然钻孔人工、机械消耗量跟直径有一定关系，但并不成正比，于是决定采用实测式测算人工、机械消耗量。经建设单位、捷宏咨询服务团队、监理单位及施工单位四方多次测算并综合考虑现场因素，经协商，以桥涵工程冲击式钻机钻孔相应定额子目为基础，人工及机械按现场实测含量调整，并形成审计会议纪要，作为最终结算依据。

基于定额编制实事求是的原则，对于现场测算的人工及机械含量双方无异议，但因本工程为3米直径的冲击钻，市场上无该桩径的匹配机械，现场施工使用的冲击钻为施工单位自制设备，对于自制冲击钻的台班单价，经双方友好协商确定机械台班单价，洽谈记录双方签字认可或报定额站备案。

5）现场施工照片

图 5-7 埋设护筒

图 5-8 冲击钻施工

图 5-9 钢筋笼吊装图

5-10 混凝土浇筑

5.5.1.2 边坡支护锚杆、喷浆工程施工工艺与计价分析

1)工程概况

佛顶宫拟建于废弃的矿坑之中,依山势而建,矿坑深约60米,矿坑底部至周边山体顶部高差为60~130米不等,坡度在20~45度不等,局部直立后反倾。根据现有建筑设计方案,部分建筑深入矿坑四周边坡范围内,边坡需要进行削坡挖方,削坡、挖方高度较高,削方最大高度约80米。

总体设计方案是边坡支护综合采用削坡、锚杆框架、锚索框架、挂网喷射混凝土等边坡加固形式;断层破碎带及岩体裂隙发育区域采用固结注浆加固;山脊部分未削坡区域采用锚墩锚索加固,岩体较破碎时,结合主动防护网加固。

2)难点分析

本工程施工场地为山地矿坑内,矿坑深度较大,沿矿坑坑壁施工,作业面狭小且危险系数大。土层多为强风化岩层、中风化岩层,钻孔效率低,设备损耗大,现行的《江苏省建筑与装饰工程计价表》(2004)无相应子目可参照。

3)施工工艺

预应力锚索工程施工是一项地质条件非常复杂、关键工程隐蔽和施工技术难度较大的特殊施工作业。其主要施工内容有:(1)原始山林植被清除;(2)清除危岩;(3)坡阶测量定位;(4)爆破削坡;(5)坡面修整;(6)石方倒运出坑;(7)坡面整喷防护层;(8)锚索、锚杆索孔定位;(9)钻孔架体搭设;(10)钻孔;(11)锚索、锚杆加工编索;(12)清孔下锚;(13)钻孔架体拆除;(14)框架施工

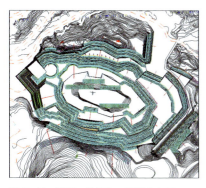

图 5-11 锚索、锚杆施工区域分布图

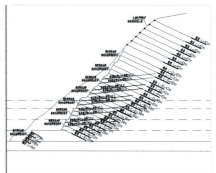

图 5-12 锚索、锚杆防护剖面图

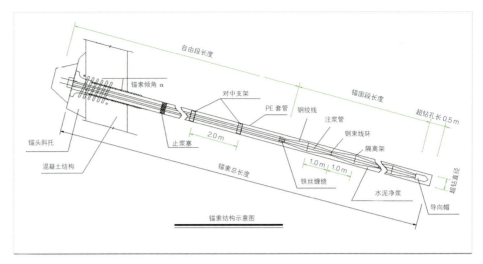

图 5-13 锚索结构示意图

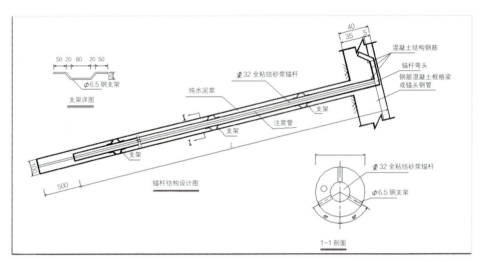

图 5-14 锚杆结构设计图

图 5-15 现场施工照片

架体搭设；（15）锚索、锚杆框架刻槽；（16）框架梁模板支模；（17）框架钢筋绑扎；（18）框架梁及锚斜托浇筑；（19）框架梁拆模；（20）框架内采用挂网喷射混凝土；（21）锚索、锚杆注浆（含二次注浆）；（22）锚索张拉、补充注浆及封锚等工作。其施工工作量大，工序复杂。（见图5-11和和图5-12）。

4）计价分析

根据现场施工实际情况，现行的《江苏省建筑与装饰工程计价表》（2004）无适用子目。通过对国家现有其他行业定额的查找，再对比现场条件和实测工料消耗，多方认为国家交通公路工程定额站编制的《公路工程预算定额》（JTG/T B06-02—2007）中"5-1-9预应力锚索护坡"适合本支护工程计价，以锚索钻孔为例分析测算对比过程。

（1）预应力锚索成孔人工分析

取1-13-163-11剖面为例：孔径175毫米，设计孔深44米，终孔深度44.5米。相关的人工消耗如表5-1所示。

表5-1 钻孔人工分析表

施工工序	工作内容	人工消耗
钻机移位安装	1. 上孔完成后的整机拆卸工作，包括部件损坏维修调整，钻机检查、清理、维护； 2. 各部件搬迁移位；架设三角支撑架、安装5吨手拉葫芦、提升钻机及部件至上级平台；（自下而上进行） 3. 钻机安装及调试工作	8工日
钻孔、清孔、套管装拔、拆除工作		39工日
套接岩屑、抬运		13工日
喷雾降尘		6.5工日
安全观察指挥		6.5工日

综合以上5项人工总和，该索孔深44.5米，耗人工73工日，考虑人工幅度差乘系数1.15，即73×1.15＝83.95工日，每10米孔深耗人工18.87工日，与《公路工程预算定额》（JTG/T B06-02—2007）5-1-9中孔径150毫米以内，孔深50米以内坚石成孔人工含量基本相符。

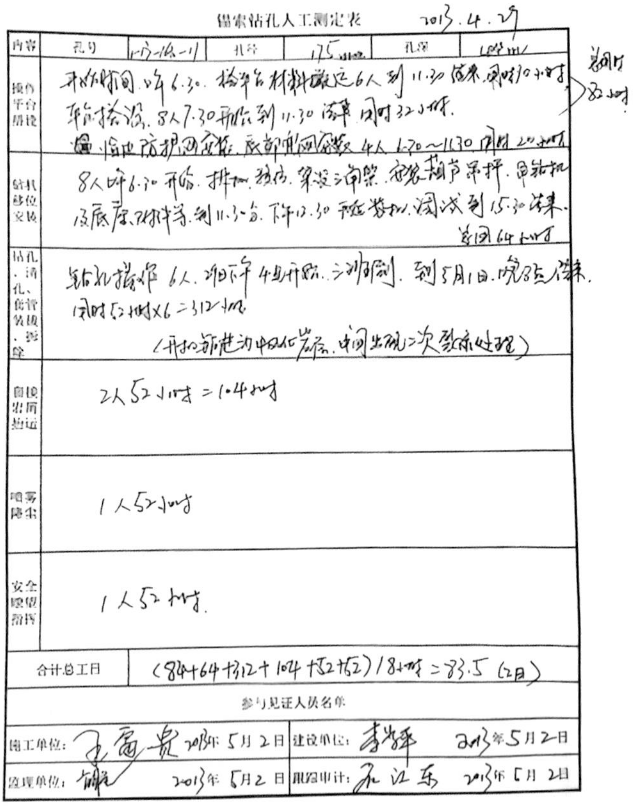

图 5-16　锚索钻孔人工测定表

（2）成孔设备、材料与机械分析

根据实际施工中的设备、材料与机械损耗分析，与《公路工程预算定额》中的设备、材料损耗和机械台班对比，实际施工含量高于定额。主要原因是本工程的钻孔孔径超出定额最大孔径，使用的机械型号也大于定额中的机械型号。

（3）工作内容对比

南京牛首山文化旅游区一期工程——佛顶宫边坡支护工程中的工作内容与《公路工程预算定额》（JTG/T B06-02—2007）中的"5-1-9 预应力锚索护坡"章节的工作内容基本相符。"5-1-9 预应力锚索护坡"工程内容如下：

① 脚手架：平整场地；底座、垫脚架设；搭拆脚手架及跳板；完工清理及保养；

② 地梁及锚座混凝土：坡面清理；模板安装、拆除、修理、涂脱模剂、堆放；混凝土配运料、拌和、运输、浇筑、养护；

③ 地梁及锚座钢筋：钢筋除锈、制作、焊接、绑扎；

④ 预应力锚索成孔：测量放样，操作平台搭设，钻孔机具安装、钻孔、清孔、移动、拆除、套管装拔；

⑤ 预应力锚索：a. 钢绞线除锈、穿架线环、涂油、穿防护管、绑扎成束；b. 锚索入孔、就位、固定；c. 安装锚具、张拉、封锚；

⑥ 锚孔注浆：浆液制作、注浆。

通过分析施工工艺，以及对比和分析实测数据和定额的工、料、机含量，并综合考虑现场安装的条件及工作面等风险因素的影响，经讨论确定借用《公路工程预算定额》（JTG/T B06-02—2007）中"5-1-9 预应力锚索护坡"子目作为本支护工程的计价依据。

5.5.2 大跨度异形曲面铝合金结构体系施工工艺和计价分析

南京牛首山文化旅游项目最引人注目的无疑是"小穹顶"和"大穹顶"，尤其"大穹项"为异形曲面铝合金结构体系，跨度高达130米。对于大跨度异形曲面铝合金结构体系、大穹顶树状结构等工艺均无先例，为了确保外形效果，施工过程中采用了多项创新工法，但因空间狭窄、施工复杂、施工难度大等原因导致造价确定困难，需现场测定工、料、机消耗量，并根据现场实测编制了一次性补充定额。

5.5.2.1 室内镂空铝板小穹顶工艺及计价分析

1）工程概况

佛顶宫屋面采用大跨度铝合金穹顶结构体系，穹顶下采用双曲面拉索式异形树影状镂空铝板天花，通过法向拉杆、斜拉索和铝板拼花单元之间形成稳定的体系，体现宗教娑罗树下树影斑驳的元素和寓意，具有跨度大（130米）、超高（净高44米）、构件复杂（尺寸和镂空花纹无重复）、制作安装难（相交复杂、无规律）等特点，总计施工面积约1.3万平方米。

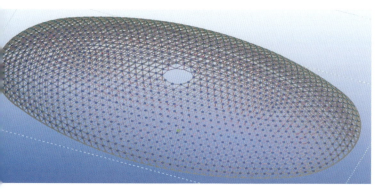

图 5-17 构件三维图

图 5-18 镂空铝板施工安装

图 5-19 镂空铝板安装完成图

2）施工工艺（图5-20）

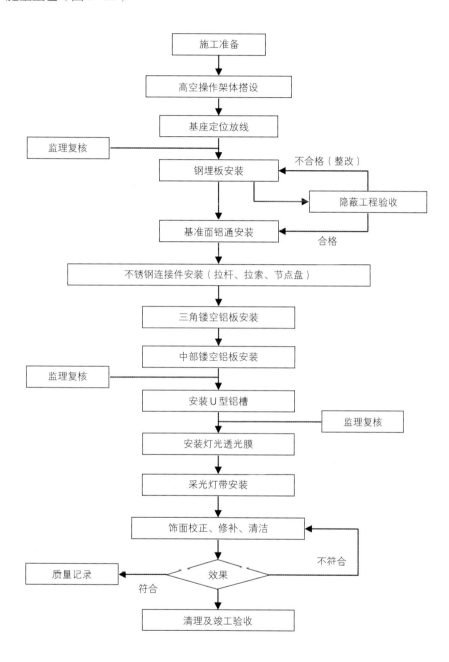

图5-20 镂空铝板天花施工工艺流程图

3）造价分析

（1）计价争议问题

① 新工艺、新设备的使用对人、材、机消耗量的影响比较大，《江苏省建筑与装饰工程计价表》（2004）暂无定额借鉴，核价依据的收集比较困难；

② 装饰等新材料层出不穷，由于供应厂家单一，新材料的价格很不透明，不具有竞争性，价格分歧比较大；

③ 根据定额规定，定额装饰项目是按中档装饰水准编制的，设计的四星及四星级以上宾馆、总统套房、展览馆及公共建筑等对其装修有特殊设计要求和较高艺术造型的装饰工程时，人工单价由甲乙双方自行协商。

（2）计价争议问题处理方法

由于此项目具有特殊性和复杂性，《江苏省建筑与装饰工程计价表》（2004）暂无定额子目可供借鉴，经多次与省定额站、市造价处交流和学习，最终确定根据现场实测编制一次性补充定额，具体做法如下：

① 人工消耗量的确定：由建设单位、监理单位、捷宏咨询团队、总承包人共同现场勘查计量，最终以书面方式签字确认；

② 人工单价的确定：根据《江苏省建筑与装饰工程计价定额》（2014）统一标准，人工工资单价按一类工85元/工日计入，结算时

图5-21 相关各方共同现场测量确定

人工参照政策性文件或甲乙双方合同约定的人工单价调整；

③ 材料单价的确定：邀请三家供货厂家对以上三层吊顶所使用的材料进行报价，通过对企业的资质、生产能力、总报价等因素的对比，本着节约成本的原则，最终确定最低价的厂家为供货厂家。

现场测算的人工、机械消耗量记录表和南京市造价管理处关于补充定额申请的回复详见图 5-22、图 5-23，补充定额明细详见附录 1。

政府投资工程跟踪审计现场勘测记录表

项目名称	室内穹顶人工、机械测算	项目地点	牛首山
建设单位	南京牛首山文化旅游发展有限公司	施工单位	中国建筑第八工程局有限公司

勘测记录

序号	事项	数据

参与人员签字栏

施工单位	15年4月12日	建设单位	2015年4月12日
监理单位	2015年4月12日	跟踪审计	2015年4月12日

政府投资工程跟踪审计现场勘测记录表

项目名称	室内穹顶人工、机械测算	项目地点	牛首山
建设单位	南京牛首山文化旅游发展有限公司	施工单位	中国建筑第八工程局有限公司

勘测记录

序号	事项	数据

参与人员签字栏

施工单位	15年4月12日	建设单位	2015年4月12日
监理单位	2015年4月12日	跟踪审计	2015年4月12日

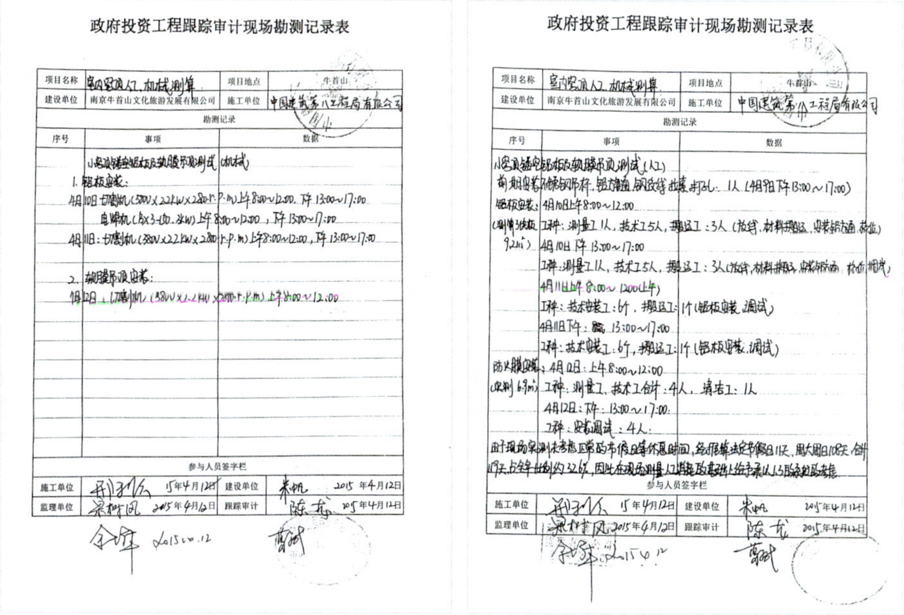

图 5-22　现场测算的人工、机械消耗量记录表

南京市建设工程造价管理处

宁建价函〔2015〕5号

关于南京牛首山风景文化旅游区一期工程佛顶宫室内穹顶镂空铝板、防火膜吊顶安装编制一次性补充定额申请的回复

南京牛首山文化旅游发展有限公司、中国建筑第八工程局有限公司：

关于《南京牛首山旅游区一期工程佛顶宫室内穹顶镂空板、防火膜吊顶安装编制一次性补充定额的申请》收悉，经审核该申请材料符合一次性补充定额编制的要求。

通过实地勘察、收集资料、分析研究和综合测算，我处确定了佛顶宫室内穹顶镂空铝板吊顶安装的一次性补充定额单价为每平方米 1786.55 元；佛顶宫穹顶防火膜吊顶安装的一次性补充定额单价为每平方米 463.10 元。该一次性补充定额仅适用于南京牛首山旅游区一期工程佛顶宫室内工程项目。

附件：佛顶宫室内穹顶镂空板、防火膜吊顶安装一次性补充定额及编制说明

南京市建设工程造价管理处

2015年9月

附件：

佛顶宫穹顶镂空铝板、防火膜吊顶安装一次性补充定额

编制说明

1、人工消耗量的确定：由建设单位、监理单位、政府审计、跟踪审计、施工单位共同现场勘察计量，以书面方式签字确认，详见附件。

2、人工工资单价的确定：与2014版《江苏省建筑与装饰工程计价定额》同一标准，人工工资单价按一类工 85 元/工日计入。

3、材料单价的确定：按建设单位、监理单位、政府审计、跟踪审计、施工单位四方共同确认的材料价格计入。

4、其他：由于佛顶宫穹顶镂空铝板、防火膜吊顶是呈曲面造型，一次性补充定额龙骨含量按面层的展开面积（曲面面积）折算。

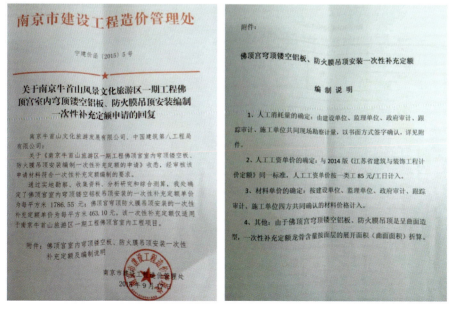

图 5-23　南京市造价管理处关于补充定额申请的回复

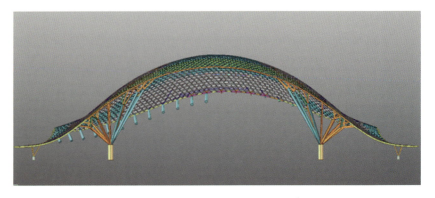

图 5-24　构件三维图

5.5.2.2　大穹顶树状柱加工工艺及计价分析

1）工程概况

大穹顶空间结构体系由 2 棵大型树状柱钢结构、2 棵小型树状柱钢结构和铝合金大穹顶三部分结构组成。铝合金大穹顶下部主要起支撑作用的是树状柱钢结构,材质为 Q355NHCZ25,竖向传力路线为屋盖重力作用在树状柱上。树状柱的展开面积约为 5 000 平方米,树枝最高为 56 米。树干为直径 3 000 毫米 ×60 毫米圆管,上设锥管加直径 4 000 毫米 ×60 毫米球头;树枝采用八边形截面形式,截面从 900 毫米 ×1 700 毫米 ×38 毫米到 550 毫米 ×550 毫米 ×25 毫米不等。

图 5-25　树状柱效果图

2）结构体系分析

（1）树干：南大树从152米标高至176米标高，总高度为24米，重约150吨。其中混凝土平台标高164.55米，因此平台以上为11.45米高（见图5-26）。管内灌装C40混凝土至164米标高。

（2）树枝：南北树状柱各有12个树枝，每个树枝在一定标高再分成两个小树枝，大树最高点为50.956米，两个大树树枝三维图如图5-27所示。

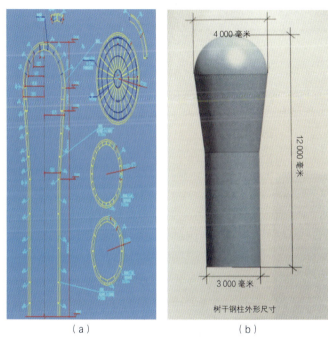

图5-26 树干相关尺寸及造型

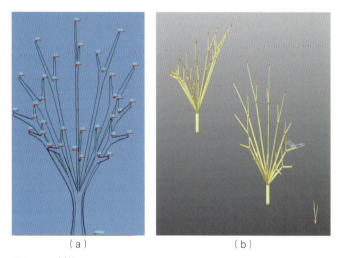

图5-27 树枝三维图

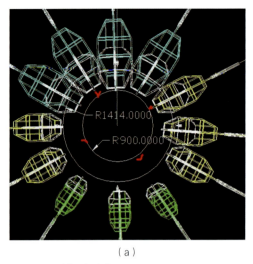 

（a） （b）

图5-28 树状柱复杂节点

（3）复杂节点：南北两棵大树的复杂节点包括树干顶部球节点和树枝相连节点、树枝分杈节点及树枝顶部与大穹顶屋盖连接节点，如图5-28所示。

3）制作难点

（1）结构复杂，每根杆件、每个节点不一样，单元重量大，节点构造复杂。如球头节点、树枝节点（见图5-29）节点内部纵横交叉的内隔板较多，组装焊缝中存在无法施焊的位置，如何制作该类节点是本工程加工制作的一个重点。

（2）杆件精度控制要求高，节点制作难度高，折板精度要求高。

（3）测量定位难度大，树枝提升稳定性控制要求高，安装过程中结构安全与人身安全保证是重点。临时支撑体系的设置与设计要合理，施工仿真需要分析，制作安装工期紧，组织协调要求强。

（4）本工程钢结构下部为混凝土地面，大穹顶屋盖支撑在各树状柱上，铝合金结构屋面安装必须在树状柱施工完成后提供工作面方可进行。

4）钢结构加工制作工艺

（1）钢材矫正：对于需要进行加工的钢材，应在加工前检查其有无对制作有害的变形（如局部下绕，弯曲等）。根据实际情况采用机械冷矫正或用加热（线加热、点加热）进行矫正。

（2）钢材放样：所有构件应按照细化设计图纸及制造工艺的要求，进行手工1∶1放大样或计算机的模拟放样，核定所有构件的几何尺寸。

（3）切割与下料：根据本工程中的钢材板厚，采取火焰切割。切割前应清除母材表面的油污、铁锈和潮气；切割后气割表面应光滑无裂纹，熔渣和杂物应除去，剪切边应打磨。

（4）坡口加工：构件的坡口加工，采用自动（半自动）火焰切割机或铣边机加工。坡口形式应符合焊接标准图要求。坡口加工后，坡口面的割渣、毛刺等应清除干净，并应除锈，使之露出良好的金属光泽。除锈可采用砂轮打磨及抛丸进行处理。

（5）焊接与矫正：组装前先检查组装用的零件的编号、材质、尺寸、数量和加工精度等是否符合图纸和工艺要求，确认后才能进行装配。

5）安装原理简介

（1）本工程中的关键技术及设备：根据总包单位在过去多次采用液压同步提升技术进行大跨度空间结构吊装的成功经验。在本工程中采用了液压同步整体提升的新型吊装工艺。（见图5-30）

（a）

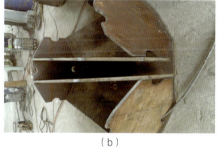
（b）

图5-29 钢结构加工制作

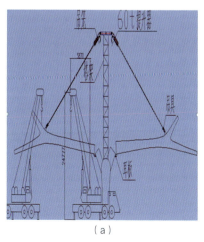
（a）

（b）

图5-30 液压同步整体提升技术

（2）液压提升原理："液压同步提升技术"采用液压提升器作为提升机具，柔性钢绞线作为承重索具。液压提升器为穿芯式结构，以钢绞线作为提升索具，有着安全、可靠、承重件自身重量轻、运输安装方便、中间不必镶接等一系列独特优点。液压提升器两端的楔形锚具有单向自锁作用。当锚具工作（紧）时，会自动锁紧钢绞线；锚具不工作（松）时，放开钢绞线，钢绞线可上下活动。液压提升的过程为：一个流程为液压提升器的一个行程。当液压提升器周期重复动作时，被提升重物则一步步向前移动。

6）计价争议问题

（1）本工程中大部分材料为不规则板，裁剪损耗较大。

（2）本项目工期较紧，施工单位采用不同的加工厂家加工球头、树枝、节点、树干，球头在扬州加工厂、树枝在扬州加工厂、节点在扬中加工厂、树干在常州加工厂，运输距离较远。

（3）球头、锥管、树枝等构件制作非一次成型，需经过多次加工或制作模具加工才能完成。

（4）由于现场总包工作面不足，为了确保现场安装顺利，需在加工厂进行试装，若有误差则加工厂直接修改，以节省返工运输费用。

7）争议问题的解决方法

建设单位、监理单位、捷宏咨询团队和结算审计单位等共同进行现场实测工料、市场询价后，召开造价协调会议，经多轮讨论后形成以下意见：

（1）材料损耗：由建设单位相关部门、监理单位、捷宏咨询团队、结算审计单位共同蹲点加工厂按实际测算，最终共同商定损耗率为20%。

（2）材料单价：建设单位相关部门、监理单位、捷宏咨询团队、结算审计单位参加造价协调例会，共同商定材料单价采用延伸审计的方式，以实际采购增值税发票和采供合同为准。

（3）材料运费：球头、树枝、节点等在不同厂家加工，运距无法准确测算，最终商定运距按200千米执行《江苏省建筑与装饰工程计价表》（2014）。

（4）球头、节点、树枝等的试装费用：共同商定执行《江苏省建筑与装饰工程计价表》（2014）中相关定额子目，删除主材和相应辅材。

5.5.3 古建筑艺术构件施工工艺及计价分析

中国古建筑涉及的内容广泛，历史文化背景深远，古建筑的构件有很多，木构架结构主要是由"立柱、横梁、顺檩"等结构构成，各结构在各构件中的节点通过榫卯相吻合。斗拱是东方古建筑的标志特征，也成就了古建筑的造型美。牛首山中佛顶塔的斗拱规格远超出了现有计价依据中的标准。同时，为了弘扬古建筑文化底蕴，牛首山文化旅游项目还大量采用传统工艺技术结合富于装饰性色彩效果的"彩绘"工艺，风格或典雅或绮丽，造型层次感强，工艺复杂、技术难度大。

斗拱和彩绘等古建筑元素的造价确定不同于常规项目，必须了解古建筑工艺和价格的形成特点，这对造价工程师可以说是一种挑战。

5.5.3.1 佛顶塔斗拱工艺及计价分析

1）项目概况

佛顶塔以唐代阁楼式塔为设计原型，外立面斗拱起着不可忽视的装饰效果。斗拱是我国建筑特有的一种结构，在立柱和横梁交接处，从柱顶上加的一层层探出成弓形的承重结构叫拱，拱与拱之间垫的方形木块叫斗，合称斗拱。它主要起着承上启下，传递荷载的作用。佛顶塔斗拱效果图如图 5-31 所示。牛首山佛顶塔主要采用了柱头斗拱、人字拱和转角拱，如图 5-32 至图 5-34 所示。

图 5-31 佛顶塔斗拱完成图

图 5-33 人字拱

图 5-32 柱头斗拱

图 5-34 转角拱

2）造价分析

（1）造价争议问题

牛首山佛顶塔工程中的斗拱为斗口16.5厘米，而《江苏省仿古建筑与园林工程计价表》（2007）中斗拱的斗口为8厘米，距离斗口16.5厘米相距甚远，无法套用。

（2）造价争议问题的处理

捷宏咨询团队经过多方查找，终于在2012年《北京市房屋修缮工程计价依据——预算定额（古建筑工程预算定额）》中册中的说明第10页有9～15厘米斗口的含量调整系数，而15厘米斗口最接近16.5厘米斗口。经咨询江苏省建设工程造价管理站，调整方法回复如图5-35所示。

江苏省建设工程造价管理总站

苏建价函〔2016〕23号

关于古建定额子目执行问题的回复

中国建筑第八工程局有限公司：

你公司关于南京牛首山文化旅游区一期工程项目古建定额子目执行问题的来函已收悉，经研究，现答复如下：

1、南京牛首山佛顶塔项目中的五踩斗拱，根据《江苏省仿古建筑与园林工程计价表》（2007年）总说明第二十条规定：本计价表未列定额项目的工程量及消耗量可以按照建设部《仿古建筑及园林工程预算定额》（1988年）执行。

在《仿古建筑及园林工程预算定额》（1988年）第五章斗拱中，除牌楼斗拱外，其他斗拱及附品均以8厘米斗口为准，调整系数表中只给到10厘米。对于斗口尺寸超出10厘米的情况，人工消耗量可按调整系数表中10厘米和9厘米两档的系数比值向上递推，材料消耗量可按斗拱体积比例调整。

2、对于《江苏省仿古建筑与园林工程计价表》（2007年）和《仿古建筑及园林工程预算定额》（1988年）都缺项的人字斗拱，可参照建设部《仿古建筑及园林工程修缮预算定额（仿唐分册）》中人字斗拱制作和安装子目执行。

3、油漆工程量，《江苏省仿古建筑与园林工程计价表》（2007年）规定按实际油漆涂刷展开面积计算工程量，未给出每攒斗拱油漆面积系数。

图5-35 江苏省建设工程造价管理站关于古建定额子目执行问题的回复

3）调整系数和消耗量测算

根据省站的回复意见，捷宏咨询团队对牛首山的超常规斗口斗拱进行详细测算，以16.5厘米斗口为例，展示详细测算过程。

（1）人、材、机调整系数测算

根据2012年《北京市房屋修缮工程计价依据——预算定额（古建筑工程预算定额）》14～15厘米斗口的调整系数推算16～17厘米斗口的人工、机械系数，根据斗拱体积测算16～17厘米斗口材料系数，测算结算如表5-2。

表5-2 斗口调整系数推算表

项目	斗口				
	14厘米	15厘米	16厘米	17厘米	16.5厘米
人工	2.14	2.4	2.69	3.01	2.85
机械	2.14	2.4	2.69	3.01	2.85
材料	5.156	6.315	7.61	9.02	8.32

根据14～17厘米斗口的调整系数规律进行推算，得出16.5厘米斗口的人工、机械、材料含量调整系数分别为2.85、2.85、8.32，具体计算如下：

人工：(2.69+3.01)/2 = 2.85；

机械：(2.69+3.01)/2 = 2.85；

材料：(7.61+9.02)/2 = 8.32。

根据《江苏省仿古建筑与园林工程计价表》（2007）中木作工程说明第二条："木材均以一、二类木种为准，如采用三、四类木种，其人工和机械费乘系数1.35。"本项目采用的柳桉木为四类木材，故采用柳桉木16.5厘米斗口的含量实际调整系数，具体如下：

人工：2.85×1.35 = 3.85；

机械：2.85×1.35 = 3.85。

（2）制作和安装消耗量测算

根据《江苏省仿古建筑与园林工程计价表》（2007）中的定额说明：本计价表未列定额的工程量和消耗量可以按照建设部《仿古建筑及园林工程预算定额》（1988）执行。根据建设部《仿古建筑及园林工程预算定额》（1988）中的人工、材料消耗量及已测算的人、材、机调整系数，测定牛首山文化旅游项目中五彩斗拱的制作和安装消耗量，具体测算如下：

① 斗口斗拱制作消耗量的测算

查询建设部《仿古建筑及园林工程预算定额》(1988)第三册中的柱头科、角科子目,8厘米斗口斗拱制作定额消耗量如表5-3所示。

根据已测算的人、材、机调整系数,测算16.5厘米斗口斗拱的柱头科、角科制作人工、材料消耗量的具体测算方法如下,测算结果详见表5-4。五彩重昂柱头科斗拱人工:11.9×3.85＝45.82(工日),机械算法相同,材料消耗量按实测用量和体积比例分别测算,最终选择对建设单位有利的按实测量的消耗量计入。

五彩重昂角科斗拱人工:33.83×3.85＝130.25(工日),机械算法相同,材料消耗量按实测用量和体积比例分别测算,最终选择对建设单位有利的按实测量的消耗量计入。

② 斗口斗拱安装消耗量的测算

查询建设部《仿古建筑及园林工程预算定额》(1988)第三册中的柱头科、角科子目,8厘米斗口斗拱安装人工消耗量如表5-5所示。

表5-3 8厘米斗口斗拱制作定额消耗量

项目名称		定额含量						
		人工/工日	枋板材/立方米	乳胶/千克	元钉/千克	细麻绳/千克	其他材料费/元	机械费/元
3-1112	五彩重昂柱头科斗拱	11.9	0.3508	0.27	0.03	0.1	0.75	0
3-1113	五彩重昂角科斗拱	33.83	0.7579	0.27	0.03	0.4	1.62	0

表5-4 16.5厘米斗口斗拱制作消耗量推算表

项目名称		定额含量						
		人工/工日	枋板材/立方米	乳胶/千克	元钉/千克	细麻绳/千克	其他材料费/元	机械费/元
3-1112(换)	五彩重昂柱头科斗拱	45.82	1.4583	1.12	0.12	0.42	3.12	0
3-1113(换)	五彩重昂角科斗拱	130.25	4.7259	1.68	0.19	2.49	10.10	0

表5-5 8厘米斗口斗拱安装定额消耗量

项目名称		定额含量						
		人工/工日	枋板材/立方米	乳胶/千克	元钉/千克	细麻绳/千克	其他材料费/元	机械费/元
3-1193	五彩重昂柱头科斗拱	2.63					0.21	0
3-1194	五彩重昂角科斗拱	5.25					0.29	0

表 5-6 16.5 厘米斗口斗拱安装消耗量推算表

项目名称		定额含量						
		人工/工日	枋板材/立方米	乳胶/千克	元钉/千克	细麻绳/千克	其他材料费/元	机械费/元
3-1193（换）	五彩重昂柱头科斗拱	10.13					0.87	0
3-1194（换）	五彩重昂角科斗拱	20.21					1.81	0

根据已测算的人、材、机调整系数，推算16.5厘米斗口斗拱的柱头科、角科安装人工、材料消耗量，具体计算方法如下，测算结果详见表5-6。

五彩重昂柱头科斗拱人工：2.63×3.85＝10.13（工日），其他材料、机械算法相同。

五彩重昂角科斗拱人工：5.25×3.85＝20.21（工日），其他材料、机械算法相同。

5.5.3.2 佛顶宫彩绘施工工艺和计价分析

1）项目概况

佛顶宫绘画工艺应用于一层外环廊、B4层万佛廊、B5层万佛廊和千佛殿、B6层贵宾厅等部位，绘画面积约为5 000平方米。此项工程由中国木雕艺术大师、四川省工艺美术大师杨国荣先生带领专业团队进行深化设计并现场手工绘制完成。杨国荣先生毕业于中央美术学院油画系，其作品艺术功力深厚，作品风格独树一帜，自成一派，影响甚广。代表作《和合共生图》的木雕和木雕彩画被中国国家博物馆永久收藏，作品《八宝图》《龙腾献瑞》被中国木雕博物馆永久收藏。

佛顶宫绘画内容以敦煌壁画为主要创作素材，同时汲取当代、传统艺术风格的不同特点，大胆运用装饰绘画、汉传藏传佛教绘画及油画的表现技法，使千佛殿、万佛廊的绘画凸显出祥瑞、圆融、时尚鲜明的艺术特点。佛顶宫的照明主要运用了橙黄色暖光源，对于万佛廊顶面彩画，在这样的视觉环境下，传统绘画青绿色的运用是个难点。青绿色若过于鲜艳，画面就会不协调，难免俗气；如果过于暗淡，则画面无精神，难以展现视觉冲击。杨国荣先生最终决定将青绿色的鲜艳度稍微降低，使其与环境暖光源靠近，而又不显灰暗，这样就使得画面清新而时尚，这也是本项目的一个点睛之笔。

图 5-36　万佛廊顶面飞天绘画

图 5-37　万佛廊 VIP 通道顶面绘画

　　千佛殿共有四组壁画，分别位于大殿的东、南、西、北四个方位的顶部。东方世界为阿閦佛，以蓝色和手印表示；南方世界为宝生佛，以黄色和手印表示；西方世界为阿弥陀佛，以红色和手印表示；北方世界为不空成就佛，以绿色和手印表示。四方世界的四幅构图分别展现了传说中四方佛国世界的祥瑞景象。此处的亮点设计在于在四幅画面的边缘部分，作者运用柔和虚化的手法，层层渲染推进，使观众看不到画面的边缘。四方佛的世界犹如在万道佛光中祥云托月徐徐升起，美丽非常，让人产生一种崇敬、向往之感。

图 5-38 《西方世界》绘制现场

图 5-39 《东方世界》绘制过程中

2）彩绘施工工艺

根据设计单位要求深化设计绘制线描稿、色彩稿→做谱子、扎谱子→现场基底处理→拍谱子→白描→上色→晕染→开眼→勾线→点睛→打点完工。

3）佛顶宫彩绘图案样式

图 5-40　千佛殿穹顶彩绘

图 5-41　B5 层 VIP 通道《八宝图》彩绘

图 5-42　四方佛龛头彩绘

图 5-43　千佛殿 T 型挑台彩绘

图 5-44　火焰纹彩绘

图 5-45　B5 层千佛殿大舍利塔内彩绘

4）彩绘单价确定的难点

2014年5月10日收到施工单位报审关于彩绘核价单，送审价格为（0.9~1.2）万元/平方米。在看到核价单上的送审数字后，监理单位、捷宏咨询团队、建设单位、审计局委托审计单位均对彩绘艺术的报价感到不解，但比价格更值得探究的是确定价格的依据。与其说它与作品本身相关，不如说它体现的是艺术家、拍卖行、收藏家等艺术交易参与者的角色和相互关系，从中可以窥见艺术市场特殊的游戏规则。

由于需核价的作品均出自杨国荣大师团队，杨国荣大师系中国木雕艺术大师、四川省工艺美术大师、中国木雕博物馆国家级木雕艺术研究员、浙江省工艺美术产业研究中心特邀研究员、中国传统文化传承杰出贡献人物、中国木雕彩画名师、中国建筑"鲁班奖"获得者、文化部"群星奖"获得者、中国工艺美术学会木雕艺术专业委员会常务理事、四川省美术行业协会理事、四川省美术家协会会员，大师作品艺术性较高，核价过程困难重重：

（1）作品艺术性较高且无相关计价文件，怎样定价才能符合行情有待商讨；

（2）艺术品价格的变动受供求关系影响，获取利润也不是艺术品商人的唯一诉求，这一特点导致市场无法形成竞争机制；

（3）艺术大师团队与普通施工企业性质不一样，由于工期较紧，艺术大师未见到四方盖章确定的核定单价迟迟不进场作业。

5）彩绘单价确定的思路和方法

捷宏咨询团队经查阅《2014中国当代书画名家润格表》，2014年6月1日，中国艺术人才研究中心对最具收藏潜力的艺术名家进行了深入研究，评估统计了润格发布的基本参数。将来中国艺术必然要走向市场，而只有让艺术公开化、合理化，艺术品市场才能健康发展，民族文化才能完好传承。参考价格如表5-7所示。

同时，经市场调研，无锡灵山作品均出自杨国荣大师之手，捷宏咨询团队建议由建设单位牵头，组织审计局委托审计单位、捷宏咨询团队、监理单位、总包单位共同去无锡灵山项目进行考察，为确定单价提供相关依据。

经过多次调研与谈判，于2014年7月15日下午建设单位组织造价协调会。建设单位、施工单位、审计局委托审计单位、捷宏咨询团队共同参加，探讨关于南京牛首山千佛殿、万佛廊绘画工程的报价，本

表 5-7　2014 中国当代书画名家润格表（部分）

姓名	职称	单位	价格（元/尺）	趋势	类别	来源
白庚延	教授	天津美术学院	12 000	平	山水	画廊
白金尧	一级美术师	中国艺术创作院	12 000	平	花鸟	画廊
白云乡	一级美术师	河北师大美术系	6 000	平	山水	画廊
毕继民	副教授	徐州师大美术系	7 000	平	水墨	画廊
毕建勋	教授	中央美术学院	12 000	升	人物	画廊
边平山	画家	自由艺术家	6 000	平	人物	画廊
卜登科	画家	中国国家画院	19 000	平	现代	画廊
蔡超	一级美术师	江西书画院	12 000	平	人物	画廊
曹留夫	教授	天津工艺美院	7 000	升	人物	画廊
曹宝麟	书法家	中国书法家协会	2 400	平	书法	画廊
曹鸣喜	教授	烟台南山学院艺术学院	17 000	升	工笔	画廊
范建宇	一级美术师	中国美术创作研究院	6 000	升	花鸟	本人
郭全忠	一级美术师	陕西国画院	6 500	平	人物	画廊
韩硕	一级美术师	上海国画院	18 000	升	人物	本人
何建国	一级美术师	中央新闻电影制片场	9 000	平	写意	画廊
季酉辰	一级美术师	河北美术出版社	9 500	平	写意	画廊

次谈判以无锡灵山彩绘单价为依据并结合《2014 中国当代书画名家润格表》，综合考虑物价上涨、施工条件、工期等因素，最终达成如下意见：

（1）以灵山彩绘单价为基础，考虑物价、施工条件、艺术大师发展趋势等因素进行调整；

（2）考虑施工及生活条件差补助画师 300 元/平方米；

（2）考虑艺术大师升值、物价上涨等因素提高 1 000 元/平方米；

（3）考虑本项目赶工期，增加成本 500 元/平方米；

最终彩绘核价根据不同部位、施工难度、不同级别画师等因素，彩绘价格定为（0.58-0.95）万元/平方米不等。

5.5.4　牛首山特定施工条件计价分析及解决方案

牛首山佛顶宫位于废弃矿坑中,山体条件复杂,仅土方计量就给大家出了难题;同时,本项目施工工期紧,工艺复杂,现场需计量、计价的工作量大,采用传统方法已不能满足要求,必须采用新工艺和新技术。

5.5.4.1　无人机倾斜摄影与 BIM 结合技术在土石方精确计量中的应用

1) 工程概况

牛首山文化旅游项目核心区设计理念中的"补天阙、藏地宫",意在通过佛顶宫的建造将原本因采矿以及后期塌方等因素缺失的山体轮廓修补完整,再现天阙胜境。作为牛首山文化旅游区的核心建筑佛顶宫的建造地,牛首山东西两峰之间挖矿所形成的废弃矿坑深度约 60 米,地形复杂、地质条件恶劣,且规划用地面积为 5.8 万平方米,占地面积庞大。(见图 5-46、图 5-47)

2) 技术重难点分析

因地形复杂,传统土方测量方法难以获得准确且具有说服力的土方数据,结算时施工单位上报的土方量为 552 246.02 立方米,而经第三方测绘单位测量后得到的土方量为 437 953.98 立方米,两数据相差甚多,双方多番争执不下。面对超高的矿坑深度和复杂的坑面地势,断面法、三角网法以及平均高程法等传统测量方法存在精度较低的问题,起初拟采用算量软件建模和网格法相结合来计算土方量,但因建模数据无法精确,土方工程量如何准确确定成为一大难题。佛顶宫剖面和矿坑剖面如图 5-48 和图 5-49 所示。

3) 关键技术应用

基于以上原因引入无人机倾斜摄影 BIM 测量技术。本方案的技术核心是以模型为载体,通过无人机倾斜摄影测量仿真飞行的方式快速采集原地面数据,生成实景三维点云模型,将施工前场地的地形数字高程模型与开挖后进行比对,准确快速地提取工程量,实时统计土方开挖量。技术实施的具体流程如图 5-50 所示。

图 5-46 矿坑原始地貌

图 5-47 抽水后地貌

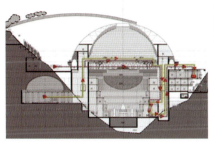

图 5-48 佛顶宫剖面

图 5-49 150 米边坡

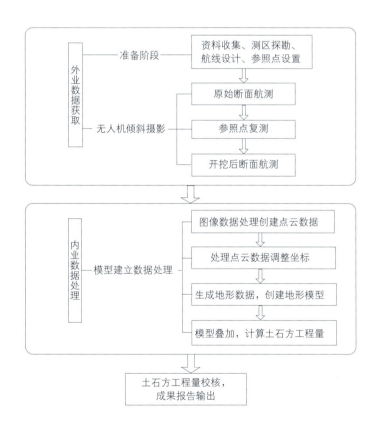

图 5-50 BIM 与无人机倾斜摄影结合技术路线图

（1）外业数据获取

① 制订航测方案——航拍飞行作业前，收集待测区资料，制订无人机航拍技术方案。

② 原始断面航测——原始断面的航测是发生在土方开挖前的实质性测量，根据之前设定的飞行线路，并采用"弓"字形路线覆盖待测区域全场。

③ 参照点复测——土方开挖后，对基坑底部的积水进行清理，对之前设置的参照点的高程坐标进行复测，以确保参照点未发生改变，确保参照点的可靠性。

④ 开挖后断面航测——开挖后的断面航测是针对土方开挖结束后的地形数据进行精确模型的建立，用以与原始断面模型进行叠加对比，以求得开挖的土方总量。航测操作流程和方法与原始断面航测基本一致。

（2）内业数据处理

① 点云数据的建立——采用 PhotoScan 软件对无人机影像数据进行处理，确定区域的表面和地形，将图像数据形成具有数字数据信息的点云模型。

② 点云数据的处理——将数据导入 Autodesk ReCap 软件中，转换点云模型为建模所需的同等计算模式的三维坐标。

③ 创建地形模型——将已经处理好的三维坐标数据导入 AutoCAD Civil 3D 中，得到如图 5-51 开挖前与开挖后地形模型。

④ 模型叠加计算土方工程量——经过上述三个步骤形成了高精度的三维地形模型，将之导入 Revit 中，对两个模型进行叠加，两次模型中间形成的空间体积即为开挖完成的土方工程量。图 5-52 为最终形成的叠加模型。

（a）

（b）

图 5-51　开挖前后地形模型

图 5-52　土石方工程量运算模型

4）小结

通过三维模型叠加计算土方量，直观，精度高，捷宏咨询团队最终得出土方量为 440 476.92 立方米，并得到了各方认可，较施工方数据减少了 10 万余立方米。牛首山文化旅游项目在土方算量工程中开创性地应用了无人机倾斜摄影和 BIM 技术结合的方法，实践表明，将无人机倾斜摄影与 BIM 技术相结合，不仅能够适用更多的工作场景和复杂地形，同时能够节约数据处理和外业时间，快速地完成土方量的计算，简化内业工作流程，更加精准地界定计算范围，保证计算结果的精确程度。

5.5.4.2 牛首山文化旅游项目全景摄影技术的应用

1）工程概况

牛首山文化旅游项目作为佛教文化的圣地，装修标准远超常规项目，装饰装修所呈现出来的视觉效果最能展现宗教艺术和体现文化内涵。佛顶宫作为该项目宗教文化氛围的主要展现场地，装修难度大，装饰内容复杂，材料品种繁多，外立面艺术幕墙形式多样、层次丰富，施工难度堪称同类工程之最。

2）技术重难点分析

牛首山文化旅游项目的施工现场所处环境特殊，装饰装修部分涉及的施工工艺复杂、工程量庞大；加之工期较紧，实行多标段同时施工，增加了造价控制的难度，给造价咨询工作带来了巨大的挑战，具体如下：

（1）补充定额消耗量确定难度大

为体现佛教圣地的氛围和文化精神，牛首山精装修工程突破性地采用了新材料、新工艺和新技术，现有的定额已无法适用。为了合理确定"三新"工艺相关的工程造价，常常需要采用现场测定人、材、机的消耗量方式，甚至需编制一次性补充定额，这导致现场测定工程量巨大，仅靠人工已无法满足要求。

（2）图纸标注不详，隐蔽工程记录工作复杂

部分精装设计图纸对基层、龙骨等设计的深度不够，而此类又为隐蔽工程，完工后无法查看具体做法。这些工程大多依赖施工过程中的影像资料作为最终工程量核算时的佐证依据。

3）关键技术应用

面对此类依赖施工过程中的跟踪记录和影像资料来完成计量计价

（a） （b）

图 5-53　牛首山佛顶宫及佛顶塔现场见证（扫码可见）

的工作，传统的做法是派大量驻场人员长期驻场，并拍摄大量的照片和视频用以后期的工作和留档。传统做法使得咨询工作的驻场人数众多，驻场时间长，照片整理工作量大。这不仅为工程造价咨询工作带来过多的人工消耗，还提高了工程造价确定中纠纷矛盾发生的风险，增加了沟通成本和时间成本。

　　为解决这一问题，本项目创新性地引入了全景摄影技术，根据工期安排设置合理的拍摄周期，在整个工程施工的过程中进行有计划地实施全景拍摄技术。经过专业图像处理软件 PTGui 和 720 云平台的处理形成一套完备的 VR 全景图。同时在重要的节点位置设置全景热点进行详细的展示，使之能够直观地查看各个关键节点的具体施工方案和实际情况，监测和记录实际人工的数量和机械台班的使用情况，为合理确定造价提供依据。全景摄影技术的应用较传统记录模式更节省人工成本，同时提高了记录文件中数据的整理效率。具体展示详见图 5-53。

　　在项目建设过程中有计划地进行全景拍摄并留存影像资料，不仅突破了传统方式只能实现对局部施工情况进行记录和存档的局限性，还有助于项目参建各方及时了解项目情况，突破时空界限，可以最大限度地分享查看，为项目建设管理工作及工程结算工作带来帮助。

6 文化产业建设项目竣工结算阶段投资管理与实践

竣工结算阶段是投资控制的事后控制环节，建设单位的最终投资额是否控制在合同价款范围内、施工单位是否得到了合理的回报都在此阶段体现。文化产业建设项目具有传统文化与现代技术相结合的特点，设计复杂、施工工艺特殊，竣工结算难度较大，结算审核时必须按照施工合同、招投标文件、竣工图并结合现场签证和设计变更等进行审核，从而保证审核质量，降低审核风险。

6.1 竣工结算阶段投资管理策划

在工程项目管理的实施过程中，工程结算管理是工程造价控制的关键环节，也是投资管理最被动的环节。建筑工程竣工阶段的结算审核是把控工程造价是否合理的关键阶段，工程建设过程中任何一个环节的问题都会在结算阶段暴露出来，制约着结算管理工作的时效性，增加投资控制的难度。因此该阶段的结算审核工作应坚持实事求是的原则，要对结算的合法性和经济性进行全面审核。

文化产业建设项目建设周期长，影响因素众多，施工环境复杂，施工过程中合同价格的调整，政策性调整，设计变更和签证等都是不可避免的。文化产业建设项目的结算审核难度远高于其他项目，因此做好竣工结算阶段策划至关重要。

1）竣工阶段投资管理目标

竣工结算阶段是整个项目实施阶段的重点，是全过程控制中的最后环节，是对前期工程支出核算最关键的部分。工程结算审核的目的是通过审核、比对、查证，对发现送审结算中不符合施工合同，或违反相关政策文件、现行计价取费标准及工程量计算规则的差错，以及人为抬高的事项予在纠正，从而有效地控制工程造价、规范工程造价管理。

（1）保障建设项目竣工结算的合规性

通过对基本建设项目进行结算审核，规范建设行为，及时提出意见和建议，提请建设单位和投资单位适时处理解决，避免出现重大的违规事件和现象。使之经得起上级国家机关的审计、监督和考核，充分保障基建行为的合法、合规性，并充分维护国家和建设单位的正当权益。

（2）提高政府投资项目资金的使用效益

通过对建设项目审核，规范工程建设成本控制工作，节约基建资金，提高投资效益；对重大异常现象要及时发现，避免项目总体和各主要分项异常超概算；确保建筑安装投资、设备投资等成本列支的合理性。及时纠正项目建设中存在的问题；节约建设资金，提高国有建设资金的使用效益。

2）竣工结算阶段投资管理的主要工作

（1）资料收集、整理、检查和关键信息核对；

（2）深入现场，确定施工范围、界面，并核对竣工图与现场的一致性；

（3）熟悉审核资料、确定审核原则，详细审核和核对竣工结算内容；

（4）结算审核争议事项的预案、谈判和处理；

（5）合理确定结算审定金额，出具结算审核报告。

6.2 竣工结算审核

竣工结算是以实物数量和货币指标为计量单位，综合反映竣工项目从筹建开始到项目竣工交付使用为止的全部建设费用、投资效果和财务情况的总结性文件，是竣工验收报告的重要组成部分。竣工结算是正确核定新增固定资产价值，考核分析投资效果，建立健全经济责任制的依据，是反映建设项目实际造价和投资效果的文件。通过竣工结算，既能够正确反映建设工程的实际造价和投资结果，又可以通过竣工结算与概算、预算的对比分析，考核投资控制的工作成效，为工程建设提供重要的技术经济方面的基础资料，从而提高未来工程建设的投资效益。

6.2.1 竣工结算的作用

（1）建设项目竣工结算是综合、全面地反映竣工项目建设成果及财务情况的总结性文件。竣工结算采用货币指标、实物数量、建设工期和各种技术经济指标综合、全面地反映建设项目自开始建设到竣工为止的全部建设成果和财务状况。

（2）建设项目竣工结算是办理交付使用资产的依据，也是竣工验收报告的重要组成部分。建设单位与使用单位在办理交付资产的验收交接手续时，通过竣工结算反映交付使用资产的全部价值，包括固定资产、流动资产、无形资产和其他资产的价值。同时，它还详细提供了交付使用资产的名称、规格、数量、型号和价值等明细资料，是使用单位确定各项新增资产价值并登记入账的依据。

（3）建设项目竣工结算是分析和检查设计概算的执行情况，考核投资效果的依据。竣工结算反映了竣工项目计划、实际的建设规模、建设工期以及设计和实际的生产能力，反映了概算总投资和实际的建设成本，同时还反映了所达到的主要技术经济指标。通过对这些指标计划数、概算数与实际数进行对比分析，不仅可以全面掌握建设项目计划和概算的执行情况，而且可以考核建设项目的投资效果，为今后制订基建计划，降低建设成本，提高投资效果提供必要的资料。

6.2.2 结算审核原则

结算审核原则，概括地讲应当为实事求是的原则，具体可以包括：依法审核原则、全面审核原则、突出重点原则和成本效益原则。

（1）依法审核原则。依法审核原则是包括工程结算审核业务工作在内的各项审核工作固有的基本原则，也是最高原则，同时也是保证审核质量的关键。坚持依法审核，不仅要依法开展审核工作，而且要严格履行审核监督职责，充分揭露问题，还要实事求是地认定和处理问题。

（2）全面审核原则。全面审核原则是审核工作必须长期坚持的指导方针，也是把握好工程结算审核业务工作全局、提高审核质量的根本要求。坚持全面审核原则，需要科学制订审核方案，从宏观上把握审核对象的总体情况和经济运行的内在规律，明确审核目标，确定审核重点；同时，加强综合分析，弄清来龙去脉、前因后果、危害影响，努力提高审核结果的质量和水平。

（3）突出重点原则。突出重点原则是提高工程结算审核业务工作质量的关键。坚持突出重点原则，要求在把握全局的基础上抓得住要害，即抓住数额大、危害大、影响大的问题，查深查透，真正发挥审核监督的作用。

（4）成本效益原则。坚持成本效益原则，要求在工程结算审核质量控制中，既要强化成本意识，降低费用，又要强化素质，讲求效率，还要搞好工作协调，合理配置。

6.2.3 竣工结算的审核依据

依据充分是结算审核的前提，竣工结算审核依据通常包括：
（1）建设期内影响合同价格的法律、法规和规范性文件；
（2）工程结算审查委托合同；
（3）完整、有效的工程结算书；
（4）施工发承包合同、专业分包合同及补充合同，有关材料、设备采购合同；
（5）与工程结算编制相关的国务院建设行政主管部门以及各省、自治区、直辖市和有关部门发布的建设工程造价计价标准、计价方法、计价定额、价格信息、相关规定等计价依据；
（6）招标文件、投标文件；
（7）工程竣工图或施工图、经批准的施工组织设计、设计变更、工程洽商、索赔与现场签证以及相关的会议纪要；
（8）工程材料及设备中标价、认价单；
（9）双方确认追加（减）的工程价款；
（10）经批准的开、竣工报告或停、复工报告；
（11）工程结算审查的其他专项规定；
（12）影响工程造价的其他相关资料。

6.2.4 竣工结算审核方法

竣工结算是甲乙双方经济博弈的阶段，双方均会为争取更多自身的利益而采取各种手段和策略。同时政府投资项目还牵扯到国有资金的使用，故应加强管理和规制。为了保证工程合同的公平公正，维护发承包双方的经济利益，对竣工结算进行审查是保证竣工结算价款合理性的重要手段。

作为政府投资的文化产业建设项目，其竣工结算工作涉及建设过程中的方方面面，最后的实际造价受到来自很多方面的影响，竣工结算审核工作对于工程造价的确定来说具有非常重要的意义。这一过程不仅要求相关的人员要有非常专业的功底，而且需要他们能够有非常认真的态度以及发现问题的能力。

在竣工结算阶段造价管理中，相关人员要仔细研读施工合同，收集结算相关项目资料，根据合同类型及约定结算方式，选择有效的审核方法，在审核中做到有理有据，提高工程结算管理水平。对于工程竣工结算的审核工作来说，其可以采取的方式是多种多样的，常见的审核方法有全面审查法、重点抽查法以及筛选审查法等。

（1）全面审查法

全面审查法是根据政府投资工程的具体审核要求，以及签署的相关合同当中所规定的内容来进行全方位、全过程的审核。这种方法与编制施工图预算或工程量清单的方法类似。全面审查法审核的质量比较高、准确性较高，因为利用该法审核的过程非常详细，但是利用该方法需要耗费很多的时间与精力。因其准确性高、效果较好，且如今计算机辅助审核较为普遍，相关软件也较成熟，在一定程度上解决了审核时间较长的问题，所以，该方法是较普遍采用的审核方法。

（2）重点抽查法

重点抽查法是比较高效迅速的一种方法，一般其适用于某些工程量较大、单价较高的分部分项工程。因为各种费用是按人工费、机械费计取，所以其中人工费、机械费含量较高的单价是关注的重点。对于某些容易出现漏洞以及项目问题的工程也最好选择这一方法。该方法的优点是工作量相对较小，所需时间相对较短，效果比较好，但其准确性比全面审查法稍差，适合于对时间要求较紧的复审项目。该方法要求审核的工作人员具备很强的专业素养，能够熟练地掌握相关建筑指标以及经济指标等，能够根据自身掌握的这些内容来对审核的结果进行更加细致合理的判断，以减少出现错误的情况。

（3）筛选审查法

筛选审查法是统筹法的一种。同类建筑工程虽然面积、高度等项指标不同，但是其单位建筑面积的各分部分项工程的数据变化不大。因此，可以把各分部分项工程的数据加以汇总、分析，归纳出其单位建筑面积上的工程量、价格及人工等的基本数值，以该基本数值来筛选建设工程结算的分部分项工程数据，如数值在基本数值一定范围以内则可以不审，否则就要对该分部分项工程进行详细审查。如果说所审查项目的建筑标准与"基本数值"的建筑标准不同,则需对其进行相应调整。该方法的优点是审查速度快、发现问题快,适用于不具备全面审查条件的工程。

综上所述,在建筑工程建设中,工程竣工结算审核与建设项目各方特别是建设单位和施工单位的利益都息息相关。在审核过程中,要根据工程的实际情况,选择合理的审核方法,采用有效的审核措施和技巧,才能达到合理控制工程投资的目的。作为政府投资的文化产业建设项目,因其不同于常规项目,艺术复杂,个体差异大,应采用最全面的审核法,把好投资控制最后环节,提高工程的建设质量,避免资金的浪费与滥用。

6.2.5 竣工结算审核流程

竣工结算的流程规范是结算审核工作顺利推进的前提,流程的重点在于工程结算信息的反馈与沟通,竣工结算的流程如图 6-1 所示。

6.2.6 竣工结算要点分析

为保证结算审核质量,降低审核风险,结算审核时,必须按照施工合同和招投标文件的规定,根据竣工图、结合现场签证和设计变更等进行审核,并重点关注以下内容:

(1) 收集、整理好结算所需的资料。结算审核是以发包人提交的工程竣工资料为依据,对承包人编制的工程结算的真实性及合法性进行全面的审查,所以工程竣工资料的真实、完整、合法性直接关系到审核工程价款的正确与否。

(2) 深入现场,全面掌握工程动态。结算审核不能只是对图纸和工程变更的计算审核,还要深入现场,细致认真地进行核对,确保工程结算的质量。造价工程师要掌握工程动态,了解工程是否按图纸和工程变更施工,是否有的洽商没有施工,是否有已经去掉的部分没有变更通知,是否有在变更的基础上又变了。如发现问题,出现疑问逐一到现场核实。

(3) 工程量的审核。工程量是一切费用计算的基础,工程量的真实性对工程造价的影响很大,因此工程造价审核的重点首先放在工程量的审核上。实施审核时,应在熟练掌握工程量计算规则的基础上熟悉施工图纸,全面了解工程变更签证。审核工程量时应审查有无多计或者重复计算,计算单位是否一致,是否按工程量计算规则计算等。

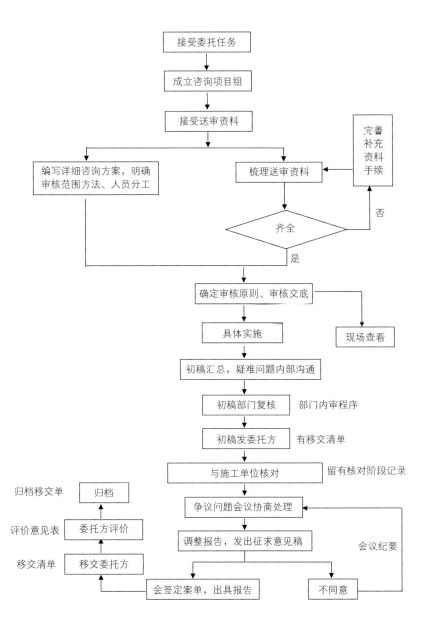

图 6-1 竣工结算流程图

（4）现场签证的审核。现场签证往往是承发包双方争议最多也是容易出问题的地方。对于现场签证的审核应遵循三个原则：首先是客观性原则，不仅要审查有无发、承、监理、跟踪审计等相关单位的签字与意见，而且要审查签字、意见的真实性、有效性；其次是整体性原则，应把签证事项放入整个工程的大环境中加以考虑，避免工程量的重复计算；最后是全面性原则，不仅要审查签证事项发生的真实性，而且要审查签证事项发生数量的真实性。

（5）材料价格的审核。对于需要核价的材料，审核时主要审查有无价格不实，审核程序是否符合合同约定。对施工期限较长的工程，材料价格浮动较大，审核是否根据施工合同规定的材料价格确认办法结算，依据是否充分。

（6）结合单价审核。合同内工作内容是否按合同单价执行，合同外单价确定是否符合合同约定。

（7）措施项目费、其他项目费的审核。审核重点是措施费计取是否符合合同约定，是否可调、如何调整等均应按合同约定执行。该部分还须重点审核的是现场安全文明施工措施是否经相关部门现场考评及文明工地评定，对大型机械设备进出场及安拆费要有现场签证，垂直运输机械费要考虑机械使用时间是否在施工合同规定的时间内等。

（8）取费的审核。重点审核相关费用计取是否符合合同约定，依据是否充分。特别注意在结算审核时要考虑合同约定的关于质量、工期的奖罚条件是否具备，是否存在质量、工期索赔与反索赔，税金费率计取是否正确等。

（9）变更项目价格审核。工程单价，尤其是变更项目的单价应按照以下原则计取：第一，合同中已有适用于变更工程的价格，按合同已有的价格变更合同价款。第二，合同中只有类似于变更工程的价格，可以参照类似价格变更合同价款。第三，合同中没有适用或类似于变更工程的价格，由承包人提出适当的变更价格，经工程师确认后执行。

（10）甲供材的审核。重点审核签收资料是否符合合同约定，是否真实；审核甲供材明细，超欠供情况，若出现欠供一定要查明原因。

（11）附属工程、追加工程的审核。这部分结算核减率往往比主体工程要高，主要是现行招投标只注重了项目承建人主体工程的招投标，却忽视了项目附属工程、追加工程的招投标。因此审核过程要更加认真，审核重点在工程量真实性的确认、材料设备价格、定额套用、取费标准是否合理及是否要优惠让利等方面。

6.2.7　过程分阶段结算

随着经济的快速发展，城市建设的标准越来越高，建设项目的规模也越来越大，文化产业建设项目作为一个地区多元化发展的标志，凭借其推动城镇化发展以及提升区域文娱生活水平的特点，在现代社会中受到广泛关注。这类大型复杂项目都有涉及的专业工程多、建设难度大、投资规模大、工程体量大等特点，使得其与常规项目相比，在结算时面临着更多的难点和风险。

现阶段，国内大多数项目的结算方式主要是在竣工验收后一次性结算，然后收集各类结算依据，再进行全面申报及审核。这种传统结算方法存在施工阶段造价资料不完善、竣工结算工作量大等问题，最终导致结算阶段存在久拖不结的现象。对于文化产业建设项目，如仍按照传统结算方式的做法，其结算工作量较其他项目无疑更为巨大，结算阶段更是遥遥无期。

过程分阶段结算是工程造价改革的发展方向，对建设项目参与者来说既是机遇又是挑战。过程分阶段结算是指发承包双方在建设工程施工过程中，按施工合同约定的时间节点或进度节点，对分阶段验收合格的已完工程量计量、确认和支付工程价款（含签证、变更、调价、索赔等）的工程结算方式。过程结算文件经发承包双方签字认可后，作为竣工结算文件的组成部分，竣工结算时不再重新计量计价。

对于大型文化产业建设项目而言，采用过程分阶段结算方法，及时按照合同约定对主要材料价格的变动进行调差，有利于应对价格波动的风险；通过在分阶段节点的结算与相应的预算进行对比，分析是否存在偏差，减轻后续竣工结算的工作量，同时可实现工程造价的动态控制。

6.3 牛首山文化旅游项目竣工结算阶段投资管理实践与启示

6.3.1 牛首山文化旅游项目结算审核的难点和挑战

牛首山文化旅游项目竣工结算的重点和难点主要为：工程建设复杂，建设规格较高；建设内容涉及古建工程及佛教传统文化的特殊要求，又是在山上建设，海拔高度为242.9米，很多施工方法及工艺超出定额规定，对结算审核带来很大难度。

（1）本项目佛顶宫位于废弃矿坑中，山体条件复杂，这给工程量、价款的确定均带来很大难度，仅土方工程量测定工作采用常规方法就无法完成。（见图6-2）

（2）工程施工场所较为特殊，工程原属废旧矿坑，人工挖孔桩开挖过程中存在大量铁矿石，人工无法开挖，需进行定向爆破。同时，山体支护锚索属自然灾害治理类型的边坡处理工程，而非普通基坑的支护工程。（见图6-3）

图6-2 项目基础原貌及土方开挖

图6-3 基础的特殊性

（3）装修内容复杂，材料品种繁多，如小穹顶佛手装饰采用万人礼佛的艺术造型，整个小穹顶由 5 424 个佛手造型组成，每个佛手由 4 个铝板面和 3 个透光玻璃面组成立体造型，且小穹顶球体不规则，造成 5 424 个佛手造型中 21 696 块铝板及 16 272 块透光玻璃没有一块相同，见图 6-4。另外，成品佛手安装难度大，佛手底部铝合金骨架呈现球体状态，现场安装工人无法像自然状态下施工人员那样站立；再如小穹顶镂空吊顶，整个吊顶镂空的图案没有一个相同的，且吊顶的安装高度达 40 米。

（4）本项目各元素掺杂其中，如涉及的彩绘、书法、木雕、铜雕、景泰蓝、金银器等极尽奢华，融合佛教图腾、宗教艺术、民俗艺术于一体。部分项目的定价，也给造价控制带来很大难度，如佛顶宫的彩绘，就如同书法一样，每个大师书写的作品价格都不一样，彩绘同样如此，靠大师全手工在现场画出，因此每幅彩绘的价格都不一样；还有石材雕刻等工程，也是靠各位大师全手工雕刻。（见图 6-5）

图 6-4　小穹顶施工过程　　　　　　　　　　　　图 6-5　项目中丰富的艺术品

（a） （b）

图 6-6 项目中大量的仿古建筑

（5）仿古建筑异形构件多、工艺复杂，采用现代仿古钢结构与传统斗拱木结构相组合的屋檐体系，节点处理繁杂；仿唐寺庙大跨屋檐斗拱古建装饰，施工工艺要求高。（见图 6-6）

（6）装饰工程体现宗教文化内涵，难度大；地面大面积拼花石材加工、安装精度要求高。（见图 6-7）

由于现代文化产业类项目是艺术与现代建筑的结合，建设条件复杂、艺术效果要求高，采用的工艺和材料已超出常规定额和常规材料价格的范畴。如何合理确定新材料、新工艺价格必将成为争议的焦点。

6.3.2 牛首山文化旅游项目分阶段结算实施

施工过程结算，是发承包双方在工程项目实施过程中，依据依法签订的施工合同所约定的结算周期（时间或进度节点）内完成的工程内容（包括现场签证、工程变更、索赔等）实施工程价款计算、调整、确认及支付等的活动。其结算文件经发承包双方签署认可后，将作为竣工结算文件的组成部分，不再重复审核。

牛首山文化旅游项目建设难度大、投资规模大、工程体量大，主要单项工程包括佛顶宫、佛顶塔、佛顶寺、东入口游客服务中心和市景观配套工程等，每个单项工程又包括多个专业工程，尤其佛顶宫包括专业分包工程达30多家。若等所有项目都竣工验收合格后再进行结算审核，则不利于项目推进，且造成结算审核周期过长。项目实施初期捷宏咨询团队就与委托人沟通，提出分阶段结算的想法，并拟订分阶段结算的初步方案，经几方讨论后确定采用分阶段结算方式。项目实施过程中对验收合格具备结算条件的专业工程和分部工程进行分阶段结算。

(a)

(b)

图 6-7 项目中精致的装饰工程

1）制订并落实分阶段结算方案

为了发挥过程分阶段结算的控制作用，顺利推进结算工作，由建设单位牵头，捷宏咨询团队结合牛首山文化旅游项目特点一同制订该项目的分阶段结算方案。该结算方案主要内容包括：

（1）成立过程结算工作小组，由建设单位相关部门、咨询团队、总承包单位等组成，明确各方职责和工作；

（2）制订分阶段结算制度和流程，明确监理单位、造价咨询单位以及建设单位内部审核程序与要求；

（3）在合同中明确规定各总承包和各专业工程、各专业工程之间范围和界面，以防因界面不清重复结算；

（4）根据分阶段结算要求配备咨询服务人员，确保跟上分阶段结算要求；

（5）在合同中明确本工程采用分阶段结算方法，并明确施工单位结算编制的要求，及时报送结算资料，包括分段结算单元的划分、分段结算计划、结算资料组成明细及要求等；

（6）为促进项目过程结算推进，合同中约定过程结算完成后按确定的结算额付款，且付款比例不低于80%。

2）分阶段结算要点分析

（1）合理划分结算周期

由于文化产业建设项目涉及的专业较多，建设规模较大，从工期角度考虑，建议采用施工过程结算模式。分阶段结算周期的划分应该本着科学合理、易于操作的原则，综合考虑项目大小和工期安排，宜选择形象进度节点或里程碑事件作为分界点，尽量做到界面清晰。牛首山文化产业项目体量大，专业分包工程较多，根据以上原则，牛首山工程结算周期可按单体项目分为：佛顶宫、佛顶寺、佛顶塔、东入口游客服务中心、隧道和室外景观绿化工程六大结算节点，单体下再细分各专业工程"土建、装饰、机电安装、消防、智能化"几大分界点；体量大的单体工程再分到具体主要分部，合同额大、施工期长的部分可适当增加分阶段的数量，但划分的阶段不宜过多，过多结算阶段的划分会增加工作量和降低造价管理能效，易造成界面不清楚，导致工程量计算重复或遗漏。

（2）完善合同条款，规避履约风险

为了杜绝合同履约风险，在招标文件和施工合同文件中约定过程分阶段结算的结算节点、程序、风险范围、验收要求、支付比例及时限、资金监管、尾款支付条件、逾期处理、各方职责和承诺等条款内容，并严格按照约定执行。

（3）过程结算争议问题的解决途径

过程结算审核过程中发现的争议问题应及时按合同约定的争议条款处理或及时寻求解决途径，避免因承发包双方人员变动、结算资料不全、变更情况不清晰等而造成结算拖延，以提高结算准确性和时效性，减少重复计算与核价的工作量。若发生双方无法达成一致意见的事项，则必须将现场资料收集齐全，并在报告中对事实描述清楚，出具带争议事项报告，争议事项等结算审核时一并解决。

3）牛首山文化旅游项目分阶段结算安排

牛首山文化旅游项目建设规模大、体量大，项目涉及的专业工程较多，结算工作量大，为了节约时间和人力成本，决定按单体项目将结算周期分解成：东入口游客服务中心、佛顶寺、佛顶塔、隧道、佛顶宫和室外景观绿化工程六大结算节点，相关计划安排如下所示。

（1）主要单体分阶段结算安排

主要单体分阶段结算安排见"南京牛首山一期工程结算审核计划横道图"。该图比较大，扫码（图6-8）可下载。

图6-8　牛首山一期工程结算审核计划横道图二维码

（2）佛顶宫项目分阶段结算安排

佛顶宫单体作为牛首山文化旅游区的核心建筑，涉及众多专业工程，投资估算中佛顶宫估算造价占项目总投资的比例达40%，因此佛顶宫的结算难度较大，是整个项目竣工结算的关键。以下重点分析佛顶宫分阶段结算的计划安排，根据牛首山项目特点和项目进度计划，将佛顶宫这一单体按各专业工程细分，如表6-2所示。

4）牛首山文化旅游项目结算审核进展

牛首山文化旅游项目自 2013 年 10 月开始启动分阶段结算工作，各方有序按计划推进各项结算工作，截至 2020 年 6 月已完成结算初审工作，并陆续送审至审计局接受政府审计复审，捷宏咨询团队正积极配合政府审计工作。

表 6-2　佛顶宫项目分阶段结算安排表

序号	分阶段审核项目	具体实施人员	计划开始时间	计划完成时间	备注
1	大型土石方工程结算审核	王某某	2017 年 1 月 10 日	2017 年 5 月 1 日	
2	结构部分结算审核	张某某	2017 年 1 月 10 日	2018 年 1 月 1 日	
3	二次构件结算审核	张某某	2018 年 1 月 10 日	2018 年 6 月 10 日	
4	钢结构部分结算审核	葛某某	2017 年 1 月 10 日	2017 年 5 月 1 日	
5	B6~B5 层装饰及安装结算审核	陈某	2018 年 4 月 10 日	2018 年 12 月 10 日	
6	B1 层室内装饰及安装结算审核	李某	2018 年 10 月 15 日	2018 年 12 月 15 日	
7	B4 层装饰及安装结算审核	李某	2019 年 1 月 10 日	2019 年 3 月 10 日	
8	B2~B3 层室内装饰及安装结算审核	王某某	2019 年 1 月 10 日	2019 年 5 月 10 日	
9	1-3 层室内装饰及安装结算审核	陈某	2018 年 4 月 10 日	2019 年 6 月 10 日	
10	艺术彩绘工程结算审核	葛某某	2018 年 4 月 10 日	2018 年 5 月 10 日	
11	外幕墙工程结算审核	陈某	2018 年 4 月 10 日	2019 年 10 月 10 日	
12	机电、智能化、设备安装结算审核	葛某某、朱某、王某某	2018 年 4 月 10 日	2019 年 10 月 10 日	
13	周围景观结算审核	王某某	2018 年 4 月 10 日	2019 年 10 月 10 日	
14	标识标牌结算审核	李某	2019 年 1 月 10 日	2019 年 5 月 10 日	
15	室外铺装工程及展陈结算审核	陈某	2019 年 4 月 10 日	2019 年 10 月 10 日	

7 文化产业建设项目绩效评价

7.1 文化产业建设项目绩效评价

7.1.1 项目绩效评价的概念及意义

1）项目绩效评价的概念

项目绩效评价是指对项目决策、准备、实施、竣工和运营过程中某一阶段或全过程进行评价的活动。项目绩效评价应符合国家法律、法规及有关部门制定的强制性标准；遵循独立、客观、科学、公正的原则；建立畅通、快捷的信息管理和反馈机制。

2）文化产业建设项目绩效评价的意义

文化产业项目绩效评价有以下几个方面的意义：

（1）文化产业建设项目绩效评价是一个总结的过程。通过绩效目标对比，衡量重要指标的发展情况及预期目标的实现程度，借此判定项目决策的科学性与合理性；将评价结果及时反馈到决策及运营部门，能够为新项目立项、实施提供参考，为完善项目运营管理方式提供建议，从而保障文化产业类项目的健康运行及发展。

（2）文化产业建设项目绩效评价也是一个学习的过程。对文化产业建设项目进行绩效评价能够督促投资者、运营者和管理者学习先进的管理方式，使项目参与者对文化产业建设项目的认识从具体的运营层面上升到决策管理的原理层面，用实践数据指导决策。

（3）文化产业建设项目绩效评价还是提高项目参与者责任心的重要方式。由于绩效评价具有透明性、独立性和公开性等特点，通过对文化产业建设项目运营成效、得失进行分析，能够较为客观、公正地指出项目投资者、运营管理者工作中存在的问题及不足，从而增强他们的责任心，调整管理措施。

7.1.2 项目绩效评价的特点及要求

1）项目绩效评价的特点

与项目前评估不同，项目绩效评价有其自身的特点，主要表现在以下四个方面：

（1）现实性

项目绩效评价立足于项目的实际运营效果，绩效评价的开展需采用项目实际运营数据及指标，因此项目绩效评价具有很强的现实性特点。绩效评价过程需对检查结果和测量数据进行综合分析和预测，并根据评价情况制订必要的改进措施。

（2）信息反馈性

项目绩效评价结果通常需要反馈到投资决策部门，从而为决策者制订和调整投资策略提供依据；将项目绩效评价结论反馈到项目的运营部门，能够为项目当前的运营状况提出改进建议，保证项目健康运行。基于项目绩效评价的这一特性，评价活动能否取得有效成果的关键便在于项目评价结论的反馈机制、方法和手段是否科学、合理。因此，一些国家建立了"项目管理信息系统"，一方面为项目绩效评价活动的开展提供所需资料；另一方面也便于项目绩效评价结论的反馈。

（3）独立性

该特点是指项目绩效评价应由项目利益相关者以外的第三方机构开展实施，避免出现项目管理者自己评价自己的情况。项目绩效评价活动的全过程都应保持独立，包括绩效评价计划的制订与实施、绩效评价人员的组成以及最终形成的评价报告，只有这样，才能保证项目绩效评价的公正与合理。

（4）全面性

这一特点包括两个方面：从项目运营进程上看，项目绩效评价是对项目的投资决策、建设以及运营等全生命周期的综合评价；从项目产生的影响上看，项目绩效评价是对项目运营所产生的经济、社会和环境效益等方面的评价。因此，可以说项目绩效评价是一项系统的、全面的技术经济活动。

2）文化产业建设项目绩效评价的要求

（1）独立进行、客观公正

文化产业建设项目绩效评价必须确保独立进行，评价方法及结论客观公正。公正性是指应避免在绩效评价过程中避重就轻；独立性要求项目绩效评价工作应该由项目投资方、管理运营方以外的第三方进行。目前，地区大型文化产业类项目多由政府方提出、实施，此类项目绩效评价工作的开展，也通常由政府方组织、主导，绩效评价单位在工作过程中难免受主观因素影响，导致结果片面、失实。

（2）可信性与透明性

判断文化产业类项目绩效评价结论可信度高低的一个重要标志，就是评价结论是否真实、客观地反映了该项目当前的运营状况。这就要求项目绩效评价人员必须具备丰富的评价经验和较强的责任心。同时，项目运营方也必须积极配合评价工作，提供项目运营的真实资料。增强文化产业建设项目绩效评价结论可信度的途径之一是建立问责机制，绩效评价报告需由评价活动组织单位及参编人员盖章署名；报告中引用的资料和数据，应尽可能标明出处和来源。

文化产业建设项目绩效评价的可信度是和透明度紧密联系在一起的。项目绩效评价的透明度越高，其可信性也就越高。对于文化产业建设项目绩效评价工作，社会公众的关注度较高，较高的关注度可更好地监督国家财政资金和公众储蓄资金的投资决策活动及其实施效果。绩效评价结论的扩散和反馈效果要求项目绩效评价的透明度越高越好，透明度越高，越能让更多的人吸取已有项目的经验教训，为新项目提供参考。

（3）实用性与信息反馈性

项目绩效评价报告的实用性是针对其作用于决策过程而言的。评价报告应有较强的针对性，文字表述需简练明确、通俗易懂。针对评价活动提出的建议应有具体措施和明确要求。评价活动的实用性要求指标选取与设计时应尽量与项目现有数据指标衔接，同时，应附注必要的指标释义，以便数据采集。

文化产业建设项目绩效评价还应具备信息反馈性。将绩效评价的结论反馈到决策部门和运营部门，可以为文化产业建设项目的投资决策提供依据，帮助项目运营者改进管理方式。项目绩效评价活动能否成功的关键，就在于是否能够建立完善的绩效评价结论反馈机制。

7.1.3　项目绩效评价的方法、内容和程序

1）项目绩效评价的方法

一般而言，进行项目绩效评价的主要方法是定量分析和定性分析相结合的方法。常用的分析方法有以下三种：

（1）前后对比法。前后对比法即将项目实施前预测绩效目标与项目竣工投产运行后的实际效果相比较，通过对比分析，找出变化和原因。该方法是进行绩效评价的基础，特别是在对项目财务评价和工程技术的效益分析时是不可缺少的。

（2）有无对比法。有无对比法是指把"有项目"与"无项目"时的效益与费用进行对比来衡量项目新增效益的一种方法。该方法把建设这个项目和没有建设这个项目预计的状况进行比较，两者的差额就是由项目投资所产生的净效益。在多数情况下，没有建设这个项目时的情况不能简单看作是现状的继续，而是要对没有这个项目时的状况进行预测。这种对比方法在前期评价中常用于技术改造项目。

（3）逻辑框架法。逻辑框架法是目前在许多国家采用的一种行之有效的方法。逻辑框架法是通过投入、产出、直接目的、宏观影响四个层面对项目进行分析和总结的综合评价方法。

结合文化产业投资项目特点及方法的适用性，本书对牛首山文化旅游项目开展绩效评价主要采用前后对比法。

2）项目绩效评价的主要内容

文化产业建设项目绩效评价的主要内容有：

（1）项目目标评价：评定项目立项时各项预期目标的实现程度，并要对项目原定决策目标的正确性、合理性和实践性进行分析评价。

（2）项目效益评价：即财务评价和经济评价。

（3）项目影响评价：包括经济影响评价、环境影响评价、社会影响评价。

（4）项目持续性评价：项目的持续性是指在项目的资金投入全部完成之后，项目的既定目标是否还能继续，项目是否可以持续地发展下去，项目建设单位是否可能依靠自己的力量独立继续去实现既定目标，项目是否具有可重复性，即是否可在将来以同样的方式建设同类项目。

（5）项目管理评价：以项目目标和效益评价为基础，并结合其他相关资料，对项目整个生命周期中各阶段管理工作进行评价。

项目绩效评价报告是评价结果的汇总，是反馈经验教训的重要文件，主要包括：摘要、项目概况、评价内容、主要变化和问题、原因分析、经验教训、结论和建议、基础数据和评价方法说明等。

3）项目绩效评价的程序

根据国家发布的相关政策文件，绩效评价程序通常分为三个阶段，即绩效评价前期准备阶段、实施阶段和绩效评价报告的编制和提交阶段。

（1）绩效评价前期准备阶段

① 接受绩效评价主体的委托，签订业务约定书；

② 成立绩效评价工作组；

③ 明确绩效评价基本事项，包括：项目的背景和基本情况；绩效评价的对象和内容；项目的绩效目标、管理情况及相关要求；绩效评价的目的；委托方及绩效评价报告使用者；其他重要事项；

④ 制订绩效评价方案。

（2）绩效评价实施阶段

① 根据项目特点，按照绩效评价方案，通过案卷研究、数据填报、实地调研、座谈会及问卷调查等方法收集相关评价数据；

② 对数据进行甄别、汇总和分析，确定绩效评价内容和考核指标；

③ 结合所收集和分析的数据，按绩效评价相关规定及要求运用科学合理的评价方法对项目绩效进行综合评价，对各项指标进行具体计算、分析并给出各指标的评价结果及项目的绩效评价结论。

（3）绩效评价报告的编制和提交阶段

① 根据各指标的评价结果及项目的整体评价结论，按绩效评价相关规定及要求编制绩效评价报告；

② 与委托方就绩效评价报告进行充分沟通；

③ 履行评估机构内部审核程序；

④ 组织项目评价结果专家论证会；

⑤ 根据论证会意见，完善评价报告；

⑥ 提交完善后的绩效评价报告；

⑦ 工作底稿归档。

7.2 牛首山文化旅游项目绩效评价过程、结论与启示

7.2.1 项目绩效评价过程

1）评价依据

（1）《江苏省政府投资项目后评价管理暂行办法》（苏发改法规发〔2006〕60号）；

（2）《建设项目经济评价方法与参数》（第三版）；

（3）《南京牛首山文化旅游区一期项目可行性研究报告》（2012年8月）；

（4）《关于南京牛首山文化旅游发展有限公司建设南京牛首山文化旅游区一期工程项目可行性研究报告的批复》（江宁发改投字〔2012〕923号）；

（5）建设单位提供的其他资料。

2）评价基准时点

评价基准时点：2018年4月30日。

3）项目过程评价

（1）前期工作回顾和评价

① 前期工作基本情况

项目前期工作主要包括项目单位内部决策、立项报批、融资策划及建设项目相关手续办理等。

前期工作主要实施单位及单位资质情况参见表7-1。

② 前期工作审批情况

南京牛首山文化旅游区一期项目前期工作审批情况参见表7-2。批复的主要内容为：项目占地约353 700平方米，总建筑面积约306 000平方米，项目总投资约555 554.1万元，所需资金由社会善款和南京牛首山文化旅游发展有限公司自筹解决。

③ 前期工作过程评价

通过以上对南京牛首山文化旅游区一期项目的前期工作回顾，评价认为：

a. 项目的建设符合国家和地方的产业发展政策和法律法规要求，得到了省、市、区各级政府的大力支持和广泛关注，在内部决策流程中，手续齐全；

b. 项目单位委托专业机构进行了可行性研究论证、能评及环评论证及报批，符合我国建设项目前期工作的要求；

c. 项目单位委托专业咨询机构协助项目融资，提交了融资贷款可行性研究报告、贷款审核报告并通过了金融机构风控审批，获取了项目融资资金，保障了项目实施的资金需求；

d. 前期工作成果在通过咨询评估或组织专家审查后，均由建设单位主管部门作出了批复，并合法取得了规划许可证及施工许可证等相关文件。

表7-1　南京牛首山文化旅游区一期项目前期工作情况一览表

序号	工作内容	实施单位	单位资质
1	南京牛首山文化旅游区一期项目可行性研究报告	江苏捷宏工程咨询有限责任公司	工程咨询甲级
2	南京牛首山文化旅游区一期项目节能评价报告	江苏捷宏工程咨询有限责任公司	工程咨询甲级

表7-2　南京牛首山文化旅游区一期项目前期工作审批情况一览表

序号	文件名称	发文单位	文号
1	关于南京牛首山文化旅游发展有限公司建设南京牛首山文化旅游区一期工程项目可行性研究报告的批复	南京市江宁区发展和改革局	江宁发改投字〔2012〕923号
2	建设工程规划许可证	南京市规划局	建字第320115201510019号／320115201510020号／320115201510021号／320115201510088号
3	建设工程施工许可证	南京市江宁区建筑工程局	建字第320101920150034/320101920150101
4	建设用地规划许可证	南京市规划局	地字第320115201280010号

（2）项目实施回顾和评价

① 实施工作准备

前期研究工作：南京市牛首山文化旅游发展有限公司按照区政府有关文件，先后完成了项目建议书、可行性研究报告和环境影响评价报告的报批工作，并于2012年先后获得江宁区发展和改革局、江宁区环境保护局的批复。

设计工作：该项目由上海HKG建筑设计有限公司、华东建筑设计研究总院、南京英柏园林景观设计有限公司等多家具有相应资质的设计单位在项目可行性研究报告的基础上，根据工程规模及工程设想完成施工图设计工作，并按规定进行了技术交底。

工程招标：该项目施工前按照《中华人民共和国招标投标法》等法律法规的要求进行招标工作，各项工程中标情况见表7-3。

表7-3 南京牛首山文化旅游区一期项目主要招标工程情况

序号	工程名称	招标内容	中标人	中标企业资质等级
1	佛顶宫、佛顶塔、佛顶寺、禅意别院及其附属	土方、隧道、桩基支护、土建、水电安装、消防、内外装修、幕墙、钢结构、通风空调、智能化、广场、电梯、室外附属(道路、排水、景观绿化、照明)	中国建筑第八工程局有限公司	特级
2	辅十五路、辅十路、规八路、规四路至牛首大道弘觉寺遗址公园、佛顶寺后山小径、规二路(佛顶寺后山小径以西)景观绿化工程	园路、景观照明、景观绿化	南京××园林景观工程有限公司	城市园林绿化一级
3	道路滑坡治理(弘觉寺段)工程	土石方、道路、地基加固	江苏××建设有限公司	市政一级

表7-4 南京牛首山文化旅游区一期项目实施情况一览表

序号	工程名称	开工日期	完工日期	施工单位名称
1	土建施工	2012.12	2017.12	中国建筑第八工程局有限公司
2	安装工程	2012.12	2017.12	中国建筑第八工程局有限公司
3	装饰装修工程	2014.2	2017.12	中国建筑第八工程局有限公司
4	室外工程(道路、广场、景观、绿化等)	2014.5	2015.11	南京××园林景观工程有限公司

② 实施过程情况

项目主体工程于2012年12月24日开工建设,于2017年12月31日完工;装饰装修工程于2014年2月10日开工,于2017年12月31日完工;室外工程(道路、广场、景观、绿化等)于2014年5月8日开工,于2015年11月28日完工。具体情况见表7-4。

③ 项目验收情况

由于一期项目禅意别院、配套酒店尚未建成完工,目前南京牛首山文化旅游区一期项目尚未开展整体验收,仅佛顶宫、佛顶寺、入口功能区及相关配套设施于2017年10月通过环保阶段性验收。

④ 项目实施过程评价

a. 建设单位成立了具有经验的项目管理机构，并注重争取江宁区及南京市政府的支持，保证了工程在规定时间内较顺利地完成，实现了预期目标；

b. 项目的主体工程、室外工程等的施工、监理都按照国家及地方相关规定进行了招标。

（3）投融资执行情况评价

在评价基准时点前，南京牛首山文化旅游区一期项目尚未完成结算审计工作，暂不作投融资执行情况评价。

4）社会经济效益评价

（1）2015年10月27日上午，释迦牟尼佛顶骨舍利（见图7-1）供奉大典暨南京牛首山文化旅游区开园仪式在牛首山文化旅游区隆重举行。"释迦牟尼佛顶骨舍利供奉大典"这一佛教盛事的成功举行，必将使中国佛教为促进经济发展、社会和谐、文化繁荣、民族团结、祖国统一、世界和平发挥积极的作用。

（2）南京牛首山文化旅游区经济效益已初步显现

目前南京牛首山文化旅游区一期项目基本完成了主景区佛顶宫、佛顶寺、佛顶塔和入口功能区的建设，为了满足供奉佛顶骨舍利和社会各

图7-1 佛顶骨舍利藏宫

界观瞻需求，主景区采用边施工边开放的方式运营。

自 2015 年 10 月 27 日正式开园，牛首山文化旅游区当年接待中外游客约 50 万人次；根据《南京市 2016 年"十一"黄金周旅游市场情况综述》，牛首山文化旅游区在 2016 年"十一"黄金周期间，接待游客 9.24 万人次，实现营业收入 628.9 万元，营收在全市 A 级以上景区中排名第六。截至 2017 年春节游客接待总量已达 400 万人次，实现营业收入 4 亿多元，解决了 800 多人的就业问题，显现出良好的社会经济效益。

5）项目目标可持续性评价

（1）项目目标

根据牛首山文化旅游区管委会的"十三五"发展思路，至"十三五"末，牛首山文化旅游区年游客接待量力争达到 500 万人次，年旅游综合收入达到 8 亿元，创建成为国家 5A 级景区、国家级智慧旅游示范区、中国国际特色旅游目的地，基本具备国家级文化产业示范园区相关评审条件。

（2）外部条件对项目目标可持续性的影响评价

① 国家、地方法规政策对项目目标可持续性的影响

《"十三五"旅游业发展规划》（国发〔2016〕70号）提出，要牢固树立和贯彻落实创新、协调、绿色、开放、共享发展理念，以转型升级、提质增效为主题，以推动全域旅游发展为主线，加快推进供给侧结构性改革，努力建成全面小康型旅游大国，将旅游业培育成经济转型升级重要推动力、生态文明建设重要引领产业、展示国家综合实力的重要载体、打赢脱贫攻坚战的重要生力军，为实现中华民族伟大复兴的中国梦作出重要贡献。

《江苏省"十三五"旅游业发展规划》（苏政办发〔2017〕20号）提出，要充分发挥旅游业作为综合性产业和国民经济战略性支柱产业的作用，提升旅游业在经济社会中的贡献度，丰富旅游产品有效供给，优化旅游市场秩序，提升旅游发展质量和效益，加快把江苏建设成为国内领先的旅游强省、国际著名的旅游目的地。

《南京市"十三五"旅游业发展规划》（宁政办发〔2017〕8号）提出，要牢固树立和自觉践行创新、协调、绿色、开放、共享的发展理念，以全域旅游为统领，以提升游客满意度为宗旨，以旅游业转型升级和品质提升为主线，推动"旅游+"跨产业融合，规范旅游市场秩序，完善旅游服务功能，打造"处处有风景、时时有服务、人人都放心"的

畅游南京旅游环境，为建设"强富美高"新南京发挥突出作用。

从我国"十三五"规划及相关政策导向可以看出，国家和地方高度重视旅游业发展，从组织领导、政策支持、财政投入、人才队伍建设等几方面保障全面小康型旅游大国的建设，这将使全域旅游迎来新的发展机遇。

② 区域社会经济发展对项目目标可持续性的影响

2017年，南京市全年实现地区生产总值11 715.1亿元，比上年增长8.1%，增速比上年提升0.1个百分点。其中，第一产业实现增加值263.0亿元，增长1.2%；第二产业实现增加值4 454.9亿元，增长5.1%，其中工业实现增加值3 853.4亿元，增长6%；第三产业实现增加值6 997.2亿元，增长10.3%。按常住人口计算的人均地区生产总值为141 103元，按国家公布的年平均汇率折算，为20 899美元。

全年完成一般公共预算收入1 271.9亿元，比上年同口径增长11.3%。其中税收收入1 044.6亿元，增长9.2%，税收占比为82.1%。全年一般公共预算支出1 354.0亿元，比上年增长15.3%。财政一般公共预算支出中民生支出占比达78%，连续9年入选中国"最具幸福感城市"。

牛首山文化旅游区作为南京"十二五"期间的重点文化建设项目，从建设伊始就受到市委、市政府的高度重视，江宁区更是举全区之力努力将牛首山文化旅游区打造成为5A级景区、南京市民的生态胜境、金陵佛国的文化胜境、华东旅游的休闲胜境。目前，牛首山文化旅游区已经在国内外享有一定的知名度，随着景区作为释迦牟尼佛顶骨舍利永久供奉地的佛教地位日隆，以及相关配套设施的逐步完善，区域经济的发展必将推动牛首山文化旅游区成为中国国际特色旅游目的地。

③ 管理体制对项目目标可持续性的影响

牛首山文化旅游区管理单位为牛首山文化旅游区管委会，管委会为江宁区政府派出机构。管委会内设办公室、文化宗教科、财务科、规划建设科、旅游发展科5个内设机构；另按有关规定设置纪检监察机构。各机构在管委会统管之下，在各自的职责范围内开展工作，这种管理体制既保证了景区各项工作的有序开展，又灵活高效，对景区的发展和项目目标的可持续性是有利的。

（3）内部条件对项目目标可持续性的影响评价

① 运行管理机制与能力对项目目标可持续性的影响

景区运营管理单位南京牛首山文化旅游发展有限公司（2016年6

月12日，公司名称变更为南京牛首山文化旅游集团有限公司，以下简称"牛首山文化旅游集团"）拥有一批高素质管理人才，主要领导在财政局、建设局等部门单位做过管理工作，对于资本运作、项目管理具有丰富的实践经验。经过一年的试运营，牛首山文化旅游集团通过开展职业形体、职业仪态、讲解技巧、佛禅文化等专项课程培训，打造了一支训练有素、讲解专业、服务热情的讲解团队，并以优良的环境和服务赢得了中外游客的好评。景区智慧旅游面向景区营销、管理和服务构建了43个系统，覆盖了景区售检票、游览车调度、游客投诉、商业服务等重点细节。在渠道建设上，牛首山完成了江浙沪皖等省市销售渠道的搭建，与近1000家旅行社建立了业务协作，同时与网络平台同程、携程、驴妈妈等都建立合作关系。这些良好的运行管理机制与能力为实现项目目标的可持续性奠定了基础。

② 财务运营能力对项目目标可持续性的影响

牛首山文化旅游区虽然已于2015年10月27日开园，但因景区辐射面大，名胜古迹及历史遗存多，文化重塑及开发程度深，目前仍处于边运营边建设的状态，持续的投入及管理措施改进使得景区整体性、丰富性及品质化进一步得到提升。

牛首山是佛顶骨舍利的供奉地，是牛头禅宗的发源地，佛教文化底蕴深厚，兼具郑和文化、江南文化和自然生态等条件，旅游资源十分丰富。同时由于其区位优势明显，休闲旅游功能诉求也日益升温。据此，景区定位为集宗教朝拜、观光、养生、度假、休闲、体验于一体的世界佛禅文化旅游圣地和国内山地文化休闲度假胜地。在开园一周年之际，牛首山文化旅游集团有限公司就签约了牛首山凤凰文化教育基金项目、牛首山佛禅文化旅游小镇项目、牛首山体育文化产业园项目、牛首山三胞文化创意产业园项目以及牛首山未来媒体文化产业园项目共5个总投资额达250亿元的项目。这些项目的成功引进，不但丰富了旅游产品，提升了景区品质，保障了建设资金，更为景区的持续发展奠定了坚实的基础。

（4）项目目标可持续性评价结论

牛首山文化旅游区的后续建设和持续发展受外部条件和内部条件的制约和影响。从目标的可持续分析结果来看，我国现行的产业、财政政策、区域经济发展等外部因素，以及管理体制、景区的运行管理机构、管理人员素质、财务运营能力等内部因素均为项目的可持续发展提供了保障。

景区建设符合国家和地方的产业鼓励政策和产业发展方向，符合城市经济发展总体规划,也符合旅游业发展规划,得到了地方各级政府的广泛重视和大力支持。牛首山文化旅游区的发展前景广阔。

6)项目运营管理评价

(1)项目运营管理情况和评价

① 组织结构

该项目运营单位为×××管理有限公司,×××管理有限公司根据《中华人民共和国公司法》和《公司登记管理条例》制定了《×××管理有限公司章程》。根据《×××管理有限公司章程》,公司设立了董事会、监事会、经营管理机构,形成了较为完善的公司治理结构。

公司实行董事会领导下的总经理负责制,总经理负责公司日常经营管理工作,总经理的职权由公司章程规定。公司下设财务部、综合部等职能部门。

② 运营管理

要保证项目的高效运营,管理很重要。营业收入、利润率等经济指标,在很大程度上取决于运营管理单位的运营管理和调控的水平,取决于管理机构的管理能力。为此,运营管理单位采取了一系列运行管理方法。

a. 部门管理职责分明

高效的组织管理机构,必须做到各部门职责分明,将职责范围和管理权限界定清楚,避免相互推诿、责任不明的管理窘境。××管理有限公司各部门职责分工明确,使得各部门围绕职责分工高效运行。比如财务部主要职责如下:

贯彻执行国家财经政策、法规和公司的财经规章制度;参与公司财务管理制度的制订;根据上级有关政策精神,结合公司实际,制订各项财务管理办法、规定和相关实施细则并组织实施;认真执行《中华人民共和国会计法》《会计人员职权条例》《会计人员工作规则》,依法进行财务核算工作;负责公司所有资金收支的审核、报销、记账,编制报表等日常财务工作;参与审核公司各部门有关财务、经济等方面的业务计划、报告、协议、合同,加强公司资产的管理,发现问题及时向领导汇报并提出调整意见;按照国家和银行有关现金管理、银行结算的规定,管理好现金和支票;按照《会计档案管理办法》,整理保管好公司的会计档案,接受有关部门的指导、检查、审计、监督。

b. 建立健全各项管理制度

为了使管理工作富有成效,根据相关法律法规,结合牛首山景区实际情况,××管理有限公司建立健全了各项管理制度,使各项工作沿着制度化轨道运行，大大减少了人为干扰因素，提高了工作效率。公司现已建立了各《部门工作职责规定》《岗位工作职责规定》《人力资源管理规定》《环境保护管理制度》《消防责任制度》《安全生产管理制度》《办公设备维护保养制度》和《物业管理制度》等规章制度，为提高运营管理效率奠定了基础。

c. 实施定期考核

为了检查各部门工作绩效，公司定期对各部门工作进行考核，查找不足、制订措施、改进思路、奖罚分明、激发工作积极性。

③ 运营管理绩效

通过公司全体员工的共同努力，公司的运营管理是富有成效的，目前，公司运营基本达到收支平衡。

（2）评价结论

① ×××管理有限公司在借鉴国内外文化旅游区运营管理经验的基础上，结合实际情况，建立起一套符合实际管理需要的高效管理模式与运行机制，使得牛首山文化旅游区总体运营绩效较好。

② ×××管理有限公司建立了强有力的组织管理机构，各组织职责分明，分工明确，各项管理制度较为完善，也具有可操作性和针对性，能够适应企业发展需要。

③ 贯彻了目标管理与过程管理相结合的原则，全面推行计划管理。实行计划编制的目的、实施效果、存在的问题、改进建议和考核细则等闭环管理。

④ 制订了较为完善的管理制度，并能严格执行，使得运营管理工作制度化、行为规范化。

⑤ 明确了项目管理机构的责、权、利，重点抓基础和日常管理工作，实行考核工作否决制等，提高了员工的责任心和积极性。

⑥ 通过诸环节管理，运行绩效较好，实现了收支平衡，提高了牛首山文化旅游区的市场知名度和品牌影响力。

7.2.2 绩效评价的结论、建议与启示

1）绩效评价的结论

（1）项目实施过程基本符合建设项目管理要求

牛首山文化旅游区一期项目在建设过程中严格按相关规定开展前期工作，履行相关手续。前期工作成果在通过评估或组织专家审查后，均

由相关管理部门作出了批复,并合法取得了建设用地规划许可证、建设工程施工许可证等许可文件,为项目的顺利实施打下了良好的基础。

(2)项目建设取得了良好的社会经济效益

景区自开园以来以精美绝伦、令人震撼的佛教艺术、建筑艺术和浓郁的佛禅文化氛围吸引了数百万中外游客,创造了良好的经济效益。牛首山管委会坚持"请进来"与"走出去"相结合,先后接待了包括尼泊尔佛教法王、斯里兰卡驻华大使在内的约40批次、700余位重要海外嘉宾,同时前往韩国、日本、泰国、斯里兰卡等国家参访交流,取得了良好成效。

供奉有当世仅存、世间唯一的释迦牟尼佛顶骨舍利的牛首山必将成为全球佛教信众的朝拜圣地,展示和传承中华优秀传统文化的旅游胜境。

(3)内外部条件支持项目目标的可持续性发展

文化产业是市场经济条件下繁荣发展社会主义文化的重要载体,是满足人民群众多样化、多层次、多方面精神文化需求的重要途径,也是推动经济结构调整、转变经济发展方式的重要着力点。党的十六大以来,党中央、国务院高度重视发展文化产业,采取了一系列政策措施,深入推进文化体制改革,加快推动文化产业的发展。

牛首山文化旅游项目自启动以来,已积累了建设、管理等方面丰富的经验,其建设、管理、运营及未来规划受到了许多团体组织的高度评价。这些良好的内外部条件能够有效地支持项目目标的可持续性发展。

2)建议与启示

(1)加快佛顶宫后续工程建设进度,尽快为游客提供完整的观光体验

目前,景区游览区域主要为佛顶宫、佛顶塔和佛顶寺,而最震撼的佛顶宫目前开放的空间约为三分之二,地下3、4、5层,地上1、2层,包括很多环廊等许多文化体验、服务配套、艺术展出的空间还没有完全开发出来,这无疑降低了游客的观光体验。这种边运营边建设的状态不利于全面的市场推广。

(2)加大旅游与文化、体育、健康、养老、金融、商贸等产业的融合力度,不断完善旅游服务功能和城市生活配套功能

随着全域旅游的兴起,单纯的观光旅游已不能满足日益增长的旅游多元化需求。面对这一趋势,应大力发展"旅游+"多元业态,为游客提供全体验的、丰富多样的度假产品。景区的规划、招商、建设和运营等应从传统的旅游自循环模式向开放的"旅游+"融合发展方式转变,

推动牛首山景区从单纯的文化旅游区，向融合旅游小镇、产业园、创意园为一体的旅游综合体转变，为游客提供多元丰富的旅游体验，从一日游向过夜游、从观光游向度假游转变，全面拉长旅游产业链。

（3）进一步加强全方位的市场推广宣传，将品牌知名度推向国际市场

牛首山文化旅游区已经在国内外享有一定的知名度，但是由于景区配套设施还处于建设过程中，尚没有完全对游客开放，一定程度上影响了景区知名度的提升。景区管委会应充分把握核心资源佛顶骨舍利这一具备吸引全世界信徒的条件，加强景区软硬件建设，实现人文景观和自然环境的协调发展；加强全方位的市场推广宣传，将品牌知名度推向国际市场，特别是周边信仰佛教的国家，以旅游带动文化产业发展，优化产业结构，推动经济社会发展，增强我国文化在国际市场上的影响力和竞争力。

8 牛首山文化旅游项目投资控制经验总结

近年来，文化产业的地位逐步攀升，已经成了近10年来我国发展速度最快的产业之一。2000年10月，十五届五中全会通过的《中共中央关于制定国民经济和社会发展第十个五年计划的建议》中正式提出"文化产业"概念。2002年，"发展文化产业"成为党的十六大报告中的重要内容之一。2009年，国务院常务会议通过了《文化产业振兴规划》，标志着文化产业战略已经上升为国家战略。

近年来，捷宏咨询公司已承接了青奥国际会议中心、牛首山牛首胜境、宿迁皂河龙运城建设项目万佛塔等文化产业类项目。其中牛首山文化旅游项目总投资超过55亿元，建设内容包括佛顶宫、佛顶塔、佛顶寺、禅意别院四个佛教建筑群，配套游客服务中心、商业设施和停车设施、绿化、市政工程等，总建筑面积约30万平方米。通过多个项目的实践与积累，捷宏咨询公司在文化产业类项目上也拥有了自己的经验与体会。

8.1 牛首山文化旅游项目投资控制的挑战

牛首山文化旅游项目由于其特殊性，项目建设过程中造价争议形成的原因各不相同，既有工程管理、设计和施工等方面与项目投资控制模式本身存在不匹配的微观原因，也有计价规范和计价定额无法及时跟进快速发展的工程技术发展的宏观因素。

（1）新技术、新材料、新工艺、新设备导致核价依据缺乏

牛首山文化旅游项目为了达到艺术效果，采用大量特色元素材料和新材料，特色元素材料和新材料的价格很不透明（有的是独家供应），加上这些特色元素材料和新材料伴随的新工艺所需的人、材、机消耗量

测定受多种因素影响，价格分歧比较大。新材料、新工艺、新设备的使用对人、材、机消耗量的影响比较大。

（2）计价依据（定额）缺项

合同一般约定：新增工程项目综合单价根据计量规则和计价办法、工程造价管理机构发布的信息价格和承包人报价浮动率确定。理想状态是，如果工程造价管理机构给定的计价依据足够，造价从业人员的工作将会很轻松，核价风险也就不复存在。但现实是，存在核价争议往往是因为没有"适用"计价（定额）依据。计价（定额）在某一时间段内的"静态"属性与技术、材料、工艺、设备、市场的"动态"属性不可能合拍。咨询服务过程中"三新"价格的确定难度大，需要通过类似项目经验对新技术、新工艺的工法进行预判来确定造价，这导致项目投资管理难度大。

（3）艺术品定价困难

牛首山文化旅游项目属于佛教项目，其中包含了大量的名人壁画、艺术品。而艺术品定价有别于常规材料、设备定价，价格不仅跟艺术品本身有关，更重要的是跟艺术品服务团队和艺术品背后的艺术价值有关。

（4）数据积累不足

类似项目调研过程中发现文化产业类建设项目数据缺乏系统积累和梳理；同时文化产业类项目各具特色，导致后期项目可参考性不足。

8.2 牛首山文化旅游项目投资控制的总结

8.2.1 科学合理地确定组织模式

为了牛首山文化旅游项目的咨询工作能顺利进行，在组织架构上，捷宏咨询团队采用"前台+后台"的组织模式，即除正常配置了咨询服务团队，还专门配置了部门进行后台支持，如BIM中心、数据中心、材价中心、质量技术中心等。针对本项目价格确定难点的艺术品及工艺品成立了专门的艺术品及工艺品采购服务小组。后台的服务团队为本项目的推进提供了强有力的技术支撑，为项目顺利推进保驾护航。

8.2.2 多技术手段支撑的投资控制

1）工程量确定突破传统方式

牛首山文化旅游项目因建造环境复杂，异形结构多，传统的计量方法已不能满足要求，需拓宽思路，寻找更适用的工具和方法，更应把新技术应用到项目中来，如 BIM 技术、数字化三维模型设计及 3D 打印模型制作技术、无人机倾斜摄影 BIM 测量技术等。

2）大数据支撑

在大数据飞速发展的时代，必须树立大数据思维，借助大数据解决问题。捷宏咨询公司通过多年研究和积累，已建立完成典型案例库、"速得"材价库等，利用好公司数据库资源，对部分材料单价、新增清单子目单价进行询价、核价。

文化产业类建设项目因其复杂性，除传统主体工程外均已采用市场化的计价模式，此类项目数据对后续项目有一定的指导和参考意义，需有意识收集和整理各数据，包括各类专业工程造价数据库、材料设备市场价格、艺术品市场价格区间、各类供应商名录等。为了方便后期使用，应建专项文化旅游项目数据库。此类项目供应商库的建立非常重要，例如在牛首山文化旅游项目的书画、壁画、雕刻等艺术品市场调研过程中，咨询人员掌握到了工艺品类专业厂家的资源渠道。这为以后新建的类似项目的定价提供了资源支持，防止项目过程中可能出现的特定专业项目的价格垄断。

8.2.3 集思广益探索的造价控制思路

牛首山文化旅游项目因施工条件复杂，建造标准高，已远超出常规计价依据的范围，所以造价咨询服务过程中不能仅局限于本地区、本行业定额，还要熟悉其他地区、行业定额，以及其他行业价格确定的依据等，如城市雕塑艺术工程工程量清单计价定额、其他行业定额（公路定额、爆破定额等）、书画润格价（见图 8-1）、其他省份定额、艺术家团队价值变化趋势等；并需熟悉掌握定额编制原理和方法，对于定额缺项的新增定额子目，能够根据现场实测编制一次性补充定额。

工程造价的合理确定不能仅局限于常规思维模式，针对各专业工程、各材料设备不同特点应采取不同的价格确定思路。如艺术品或艺术创作类需考虑艺术价值、艺术服务团队等因素；国家级彩绘大师参与的彩绘

（a）

（b）

图 8-1　书画润格集和尚清指数 2014 公告

工程造价确定，可能不是简单的成本加利润方式，更应考虑服务团队艺术价值；特殊材料设备采购，不仅要考虑材料、设备本身价格，还应考虑采购渠道问题，如精品苗木、屋面瓦采购等。

对于采购渠道单一或特殊材料，如仿古建筑屋面瓦、精品苗木等，由各参建单位组成考察小组，到厂家就生产能力、规模、材料价格、产品质量等进行考察，考察完填写"建筑材料、设备供应商考察表"，共同协商决定采用的厂家及核定材料价格。

8.2.4 寻求多途径造价争议的解决之路

1) 延伸审计是解决核价争议的途径

结合工程决算审计，政府审计项目可以采用延伸审计的方法查阅施工单位、供货单位、生产厂家的真实财务成本，可以作为核价的基础。但实际工作中，对核定"材料价格"时是否承认"材料采购"环节的合理"加价"争议较大。

2) 编制补充定额以解决核价争议

政府和国有资金投资的工程，定额是核价的依据。对定额中没有的新增定额子目可以通过现场实测实量的方式出具编制补充定额，虽然过程复杂，但造价管理机构出具的补充定额（一次性补充定额）具有法定效力。

3) 核价风险规避、转移、共担的方法

以牛首山文化旅游项目为例，为满足现行国有投资控制的需要，可以采取以下确定价格的方式：

（1）竞争性谈判方式：对部分造价较高的工程，如佛顶宫佛手装饰、佛顶宫的彩绘以及石材雕刻等工程，因可选择性施工单位比较单一，可通过对施工工艺的人工、材料、机械进行详细分析，并根据分析结果，在建设单位的组织下经过与专业施工单位的多轮谈判来核定工程价格。

（2）邀请招标方式：由总包单位牵头撰写招标文件，总包单位、建设单位、监理单位及跟踪审计都可以推荐合适的供应商参与投标；开标过程由总包单位的工程部、技术科以及纪委组成评标小组，建设单位、监理单位和跟踪审计单位全程监管。

（3）考察方式：对造价较低及特殊单一的材料，如仿古建筑屋面瓦等，由建设单位工程部、预算室、监理单位、跟踪审计单位及施工单位共同组成考察小组，到厂家就生产能力、规模、材料价格、产品质量等进行考察；考察完填写"建筑材料、设备供应商考察表"，共同协商决定采用的厂家及核定材料价格。

8.2.5 投资管理人员需不断自我提升

1）夯实专业知识

文化产业建设项目涉及的专业广泛，除了土建、安装、钢结构、精装修、景观绿化、道路等专业，还包含了隧道、爆破、山体削坡、滑坡治理、古建、艺术品、舞台设备等。这对咨询团队成员提出了较高的要求，他们不仅需要了解不同专业相关知识，还需要做到懂工艺、懂方案、懂市场，甚至需要具备一定的深化设计能力。工程造价的合理确定需要结合施工工艺、艺术价值、市场情况等多方面因素。

2）拓宽知识领域

文化产业建设项目都承载着某一特定文化，要想真正了解设计师理念就需要了解建设项目背后的文化。这就需要咨询人员的学习不仅局限于传统的专业，也需要了解艺术文化、宗教文化等方面的知识。

3）提高造价工程师的综合能力

首先，造价咨询人员应有一定的施工一线经验，因为工艺方法不同，费用价格就不相同，掌握根据工艺测算市场价的方法。其次，加强合同管理能力，造价咨询人员习惯于用定额的思维解决本应由合同解决的问题，在合同执行和结算时更习惯于把定额作为唯一的依据而忽视合同的管理，缺乏基本的合同判断和执行能力。再者，造价咨询人员还需要有较强的沟通能力，按市场化方式确定价格；影响市场化价格的因素有很多，作为咨询服务人员，如何说服发、承包双方采纳你的意见至关重要。最后，还需要有一般财务常识，了解市场行情，具备分类逻辑能力等。

牛首山文化旅游项目已成为文化产业建设项目中的经典之作，捷宏咨询团队很有幸参与了牛首山文化旅游项目从项目决策至竣工结算的全过程咨询服务工作，历经八年，一路走来困难重重，但收获也满满。每一个经典项目的咨询服务工作对于咨询企业甚至行业既是挑战也是机遇，只有通过总结经典项目中的管理经验和先进方法，才能不断地提升企业的水平，形成企业的核心竞争力，同时也有助于提升行业的整体形象！

9 附录

附录1：补充定额

佛顶宫穹顶镂空铝板吊顶安装

工作内容：测量、定位、放线、运输、龙骨安装、面层安装、打胶、油漆、调试等　　　　　计量单位：10 m²

定额编号				SB-001	
项目		单位	单价	镂空铝板	
				吊顶	
				不锈钢骨架干挂	
				数量	合价
综合单价			元	17 865.53	
其中	人工费		元	1 524.46	
	材料费		元	15 219.87	
	机械费		元	160.68	
	管理费		元	707.76	
	利润		元	252.77	
一类工		工日	85	17.93	1 524.46
材料	4.5毫米厚三角形镂空异形白色烤漆铝板（含烤漆）定加工	m²	992.00	7.29	7 228.17
	4.5 mm厚折边U型铝单板（含烤漆）(450×200×4.5 mm, 300×200×4.5 mm)	m²	588.00	2.71	1 595.56
	U型铝通堵板4.5 mm厚 (450×200×4.5 mm, 300×200×4.5 mm)	块	44.27	3.62	160.16

续表

	定额编号				SB-001
材料	铝方通 80×80×3.0 mm（中心圆部位）	m	55.00	0.87	48.03
	铝方通 80×30×3.0 mm	m	33.00	17.36	573.03
	基座圈和U型铝槽收边铝方通（125×150×4.5 mm）	m	163.00	0.67	109.62
	铝板加劲板 250×80×4.5 mm（中心圆）	块	5.29	0.94	4.98
	基座圈铝芯套（117×142×3.0 mm）	套	0.00	0.27	0.00
	定制U型铝通连接铝板（150×300×4.5 mm）	块	29.46	3.44	101.26
	钢结构（方钢 50×50×5.0 mm，30×30×3.0 mm，矩形钢 100×50×3.0 mm）（转换层钢结构）	M	63.51	0.35	22.28
	φ32×3.0 mm 钢管	M	111.80	0.38	42.11
	5.0 mm 厚L型不锈钢 中部开直径 13 mm 圆孔	m	33.00	1.21	39.83
	热镀锌钢通（方钢 50×50×5.0 mm）	m	46.30	1.60	74.05
	钢埋板（200×200×16 mm，平方米0化学螺栓）	块	16.30	0.73	11.84
	安装灯具增加吊杆及抱箍等 480×200×120	套	150.00	2.07	310.55
	φ8 拉索	m	55.00	9.66	531.57
	拉索固定端（锁头和销钉）	个	120.00	1.64	197.22
	φ8 拉索调节端（φ14 拉杆和调节套筒）	个	245.00	1.64	402.66
	定制 φ8 拉索连接拉耳	个	44.00	2.50	110.09
	定制不锈钢 φ30 拉杆（带螺母，不锈钢垫片）	m	128.00	0.85	108.78
	定制不锈钢 φ20 拉杆（带螺母，不锈钢垫片）	m	118.00	0.10	11.24
	定制不锈钢垫片 （φ61 mm×5.0 圆垫片，中部开孔 32 mm 和 22 mm 孔）	个	48.00	3.01	144.40
	φ20 拉杆	m	99.36	5.78	574.72
	φ20 拉杆索头	个	118.00	1.43	169.04
	φ12 吊杆 （含上端内牙套、下端螺母及不锈钢垫片和调节套筒）	套	95.00	3.14	298.75
	定制 φ12 吊杆连接件	套	85.00	3.14	267.31
	φ20 不锈钢螺杆（含上下端4个螺母）	m	192.00	0.56	107.46
	定制 φ20 转 φ30 拉杆调节套筒（含 φ30 拉杆）	个	225.00	1.30	291.86
	定制不锈钢连接板（与拉杆连接 400×410×12 冲孔5个）	块	530.00	0.82	436.83

续表

定额编号				SB-001	
材料	定制不锈钢钢节点盘配件（含Z型不锈钢连接件）150#	套	520.00	1.22	632.68
	不锈钢螺丝 M8×140 mm	套	3.50	12.07	42.24
	不锈钢螺丝 φ6×24 mm	套	1.30	48.08	62.50
	不锈钢螺丝 φ20×55 mm	套	1.80	43.17	77.71
	不锈钢螺丝 φ12×35 mm	套	1.60	31.40	50.24
	不锈钢螺丝 φ14×55 mm	套	1.70	80.46	136.78
	φ8×50 mm 不锈钢对穿螺丝，弹簧垫片	套	11.45	8.09	92.67
	化学药栓和药剂	套	29.40	1.45	42.69
	密封胶（佳多宝8000高性能幕墙硅酮耐候胶）	支	32.00	1.18	37.68
	定制弹性胶垫 40×40×3.0	套	1.85	30.91	57.18
	普通焊条（金桥品牌）	kg	5.80	0.29	1.71
	不锈钢焊丝	kg	38.57	0.05	1.89
	L型钢角码连接件 L80×80×5 mm×200 mm 长	个	8.01	0.44	3.52
	环氧富锌漆	kg	35.44	0.20	6.95
机械	切割机（380 V×2.2 kW×280 r/min）	台班	20.86	2.17	45.27
	电焊机（BX3-150×3 kW）	台班	105.88	1.09	115.41

佛顶宫穹顶防火膜吊顶安装

工作内容：测量、定位、放线、运输、龙骨安装、面层安装、打胶、调试等　　　　　　计量单位：10 m²

定额编号				SB-002	
项目		单位	单价	防火膜	
				吊顶	
				铝合金骨架	
				数量	合价
综合单价			元	4 631.03	
其中	人工费		元	554.20	
	材料费		元	3 737.35	
	机械费		元	15.02	
	管理费		元	239.07	
	利润		元	85.38	
	一类工	工日	85	6.52	554.20
材料	专用铝合金主龙骨（铝合金龙骨烤白漆）40×30×3 mm	m	38.12	20.83	793.97
	A级防火膜透光膜（白色）厚度0.2 mm	m²	166.93	10.00	1 669.29
	30×30×3.0 mm 铝合金支撑柱 （铝合金龙骨烤白漆；高度230 mm）	个	4.41	18.48	81.48
	PVC A级膜扣边（特殊聚氯乙烯无收缩）	m	4.83	20.83	100.61
	铝合金角码（4 mm厚铝合金直角码）30×30×4 mm	个	1.68	82.15	138.01
	A级防火膜压条（特殊聚氯乙烯无收缩）	m	5.79	13.89	80.38
	主龙骨锐角角码（100×100×4 mm厚铝板定制冲压拉泡开孔）	个	3.59	39.30	141.04
	专业锁具（锁、钩与扳手三合一）	个	67.20	9.62	646.15
	不锈钢钻尾螺钉（M5×25）	个	29.69	0.28	8.31
	白色橡胶垫 3.0 mm 厚度	个	1.16	27.38	31.70
	聚乙烯透明保护膜	卷	201.72	0.16	31.74
	零星辅料（胶带、结构胶）	m²	0.734	10.00	7.34
	主龙骨挤压成型模具费	m²	0.734	10.00	7.34
机械	切割机（380 V×2.2 kW×280 r/min）	台班	20.86	0.72	15.02

参考文献

[1] 戚安邦. 项目论证与评估 [M]. 北京：机械工业出版社，2004.
[2] 张立波. 文化产业项目策划与管理 [M]. 北京：北京大学出版社，2013.
[3] 申玲，戚建明. 工程造价计价 [M]. 5 版. 北京：知识产权出版社，2018.
[4] 曲娜，陈顺良. 工程项目投资控制 [M]. 北京：北京大学出版社，2013.
[5] 张树捷. BIM 在工程造价管理中的应用研究 [J]. 建筑经济，2012,33(2): 20-24.
[6] 万长松，苏少锋. 产业、社会产业与社会产业哲学论 [J]. 洛阳师范学院学报，2016, 35(6): 7-12.
[7] 张佼，王双进，郭军瑞. 我国文化产业研究综述 [J]. 北方经济，2010(2): 43-44.
[8] 魏天云. BIM 技术在建筑节能设计中的应用 [J]. 武夷学院学报，2017, 36(12): 1-4.
[9] 杨青，邱菀华. 项目精益价值管理的基本原理与方法研究 [J]. 科研管理，2007, 28(4):149-154.
[10] 魏天云. 基于 BIM 技术的建筑施工优化设计 [J]. 长春师范大学学报，2017, 36(12): 89-92.
[11] 王自忠. 浅谈补充定额编制方法与技巧 [J]. 中国矿山工程，2012, 41(4): 44-46.
[12] 田白璐. 政府扶持文化产业项目的模式及问题研究 [D]. 西安：西安建筑科技大学，2016.
[13] 贾令亮. 全过程造价管理在建设工程项目中的应用研究 [D]. 舟山：浙江海洋学院，2015.
[14] 刘苗苗. 生态建筑全寿命周期成本与效益研究 [D]. 西安：西安建筑科技大学，2013.
[15] 强青军. 基于全寿命周期的政府投资项目投资控制与监管模式研究 [D]. 西安：西安建筑科技大学，2011.
[16] 胡韫频. 基于三峡工程的重大工程项目投资控制机制研究 [D]. 武汉：武汉理工大学，2006.
[17] 尹琳琳. 政府投资项目的投资控制问题研究 [D]. 天津：天津大学，2010.
[18] 窦三丰. 艺术品价格形成机制研究 [D]. 南京：南京财经大学，2017.
[19] 付丽莎. 文化产业项目后评价研究 [D]. 西安：西安建筑科技大学，2013.
[20] 陈洁. 融入 3D 打印工艺的陶瓷花器设计应用研究 [D]. 成都：四川师范大学，2018.
[21] 梁高杨. 河北省文化产业项目风险模拟及管理研究 [D]. 石家庄：河北经贸大学，2019.
[22] 文化产业新闻. 文化产业重要政策回顾 [EB/OL]. [2021-06-08]. http://www.chycci.gov.cn/news.aspx?id=44677.
[23] 中华人民共和国中央人民政府. 文化和旅游部 国家开发银行 关于进一步加大开发性金融支持文化产业和旅游产业高质量发展的意见 [EB/OL].（2021-05-27）[2021-07-08]. http://www.gov.cn/zhengce/zhengceku/2021-05-27/content_5613011.htm.
[24] 中华人民共和国中央人民政府. 文化和旅游部关于印发《"十四五"文化和旅游发展规划》的通知 [EB/OL]. (2021-06-03)[2021-07-08]. http://www.gov.cn/zhengce/zhengceku/2021-06-03/content_5615106.htm.
[25] 中华人民共和国住房和城乡建设部. 住房和城乡建设部办公厅关于印发工程造价改革工作方案的通知 [EB/OL]. (2020-07-29)[2021-07-08]. http://www.mohurd.gov.cn/wjfb/202007/t20200729_246578.html.

[26] Bertelsen S. Lean construction: Where are we and how to proceed? [C]//12th Annual Conference in the International Group for Lean Construction, 3-5 August 2004, Elsinore, Denmark, 2004:46-57.

[27] Bhuiyan N, Baghel A. An overview of continuous improvement: From the past to the present[J]. Management Decision, 2005, 43(5/6):761-771.